JN195714

余談の多い教育原論

心身両面から見た教育の哲学と歴史

中 野 浩 一

不昧堂出版

本書の無断複写は、著作権法上での例外を除き、禁じられています。
複写される場合は、そのつど事前に（社）出版者著作権管理機構の許諾
を得て下さい。
一般社団法人 出版者著作権管理機構 │JCOPY│
〒 162-0828 東京都新宿区袋町 6 日本出版会館
電話 :03-3513-6969　Fax:03-3513-6979　e-mail:info@jcopy.or.jp
ホームページアドレス：http://www.jcopy.or.jp/

まえがき

　ゆるい書名からは想像しがたいと思いますが、この本は、大学の教職課程（教員免許の取得）における「教育原論」の教科書です。教育の哲学と歴史について扱う授業で、教職課程の必修科目となっています。授業では資料を配付しているのですが、復習用の解説書を望む声が多く、教科書を作成することにしました。この際、学生からは、私が授業で述べた「余談」も入れてほしいと要望されました。授業の配付資料では触れられていないためです。

　確かに授業では意識して余談を多く入れるようにしています。筆者である私は日本大学工学部（福島県郡山市）の教員なので、理系の学生に文系の哲学と歴史を教えるには、工夫が必要と考えていました。授業に飽きて付いてきてくれないのではと心配したからです。余談の材料としては、私の学生時代におけるアルバイトの経験が生かされています。ラーメン屋のアルバイトもしましたが、幼稚園、児童館、家庭教師、部活動（野球）のコーチ、フリースクール、精神科関連施設など、教育を知る上で役立つと思われる仕事に積極的に関わりました。この本を作成してみて、私自身、余談に力が入っているなと、改めて気付いた次第です。学生に出版前の草稿を見てもらい、感想を聞くと、実際にはもっと色々な余談を話しているようです。しかし、その時の気分次第なので、必ずしも全てとは限りません。この点はご容赦頂けたらと思います。

　「余談」の他、この本の特色としては、副題にある「心身両面から見た教育」があげられます。一般的に教職課程では、教育心理学の授業はあっても、教育生理学はありません。歴代の教育の哲学と歴史に関する著書を見ても、精神面に力点が置かれているようです。しかし、実際に目の前に泣いている子供がいる場合、心が痛むのか、体が痛むのか、心身両面からの対応を考えるはずです。このため、この本では敢えて心身の両面から、教育の哲学と歴史を述べる試みをした次第です。

　また、教育が行われる場所を考える場合、必ずしも学校とは限りません。家庭や職場などでも行われているので、この場合、教育者は親・教師・上司や先輩な

どとなります。この本では教職課程を念頭に置いているため、学校教育に偏った記述となりますが、教育を行う全ての人々にとって参考となるよう、心がけたいと思っています。

　この本の試みが皆様にとって少しでもお役に立てることを祈っています。

目　次

第1章
「教育」とは、教育の目的、教育の区分

　何をもって「教育」と考えるのか。自分自身の過去を振り返えった時、家族や諸先生方など、さまざまな人々が思い浮かびます。それらの中で、あれも教育だったのではと、思い至る記憶があります。皆さんには動物を飼った際に、そこから学んだことはなかったでしょうか。

　私が保育園に通っていた頃、チロという名の犬を飼っていました。姉が動物好きで、猫もいたと記憶しています。青森県の津軽地方が私の故郷ですが、写真はリンゴ畑でチロの手綱を持つ私です。チロの大きさが分かるよう、写真を載せますが、幼い私からするとチロは胸の高さまで達する大きさです。私が手綱を持つと容赦なく引きずり、泣かされました。しかし、私が大きくなるにつれてチロに引かれながらランニングできるようになり、走るのが得意になりました。今思うと、私にとってチロは走りの師匠であり、色々なことを教わった名犬であったと感謝しています。

　「教育」とは「教え・育てる」と書きますが、人間の恩師の他、私は犬のチロからも教え・育てられたと感じています。すなわち、教えるだけで終わりではなく、育つ所まで行かないと「教育」とはいえないのです。

　しかし、チロが名犬だったとしても、私のことを教育しようと意図していたとは考え辛いと思います。野生の動物が狩りを子供に教えている映像を見たことがありますが、一般的には人間以外の動物の場合、親の行動は本能的に行われ、しかも短期間で終わると考えられています。逆に、人間が子犬を教育する

チロ（左端）と著者（3〜4歳）

ことは可能だとしても、限界があります。犬の話ではありませんが、ある時に私が自転車に乗っていた際、道の反対側にいた子猫がこちら側に渡ろうとしていました。子猫は車に気付いていないので、とっさに私は「あ゛ー」と絶叫しました。驚いた子猫は引き返しましたが、手を上げて横断歩道を渡るよう、教育する困難さに気付かされました。人間に近い猿も電車や飛行機などの新たな交通手段を作り出すことはなく、何世代も同じ生活を繰り返すだけです。本能に頼るため、創造を欠き、新たな歴史を作り出すことが出来ないのです。

第1節　「教育」とは

　人間も動物の一種です。しかし、犬・猫・猿などの野生の動物と人間とを区別するため、編み出されたシステムが教育です。この場合、教育とは、人間という存在が作り出した特有の考え方（概念）であり、犬・猫・猿には認められない概念といえます。この本では哲学用語の「概念」という言葉が頻繁に出てきますが、その度に「考え方」と読み換えてください。

　教育とは教え・育てることと述べましたが、人間の場合はとても難しく、長い年月を必要とします。相手の足りない箇所への不平・不満を指摘するだけでは、伝えただけに止まります。「勉強しなさい」が一つの例であり、いわれた方は「今やろうと思っていたのに」と不平・不満を親から受け継ぎます。伝えても変化のない場合、さらに干渉を強めたり（過干渉）、いじめたり（無視・虐待）するのではなく、教え・育てる行為が必要となります。この際、教育者（教育を行う側）は被教育者（教育を受ける側）の個性をよく見て行動しなくてはなりません。このため、決まり切った教育方法などないといえます。場合によっては、他の教育者と協力しながら、もしくは、見守るという行為が必要な場合もあると思います。本書では過去における教育思想を紹介することで、いろいろな対処法を獲得できるように努めます。

1）人間とは＝理性を持った存在
　人間には論理的に思考する能力である理性が備わっています。この点が犬・猫・

猿とは異なり、新しいものが創造され、過去とは相違する歴史が生まれます。このため、理性に基づく知性の発展がない場合、野蛮な人間もしくは社会となってしまいます。

　しかし、理性は、善用できれば良いのですが、例えば銀行強盗など悪いことに利用される場合があります。このため、教育上、知性のみではなく、良心などの徳性と、それを具体化する身体という、知・徳・体の三つの育成を考える場合があるのです。

２）レディネス（readiness）

　アメリカの教育学者であるソーンダイク（Edward Lee Thorndike）が提唱した概念で、被教育者の「心身の準備状態」を意味します。例えば、生まれた直後の赤ちゃんに立つことを教えるのは危険です。「這えば立て、立てば歩めの親心」といいますが、親は子供に過度な期待を寄せてしまいがちです。身体的・精神的に準備が整っていない場合、教育の効果が得られないのです。

　しかし、発達が進むことで、教えることが可能となります。準備が整っている場合、技能や知識をより効果的に習得することが可能となります。この準備状態を見極められるよう、ソーンダイクは、心身の発達段階を明らかにする測定法を研究し、その成果を 1913-14 年の『教育心理学（Educational Psychology)』にまとめています。この後、教育心理学という分野が一般化されるので、ソーンダイクのことを「教育心理学の父」と呼ぶ場合があります。

３）人間の特性 ＝ 生理的早産

　野生の動物は生まれて間もなく、立ったり歩いたりできるようになります。捕食される危険があるため、母親の胎内で十分に成長した後、胎外へ出てくる必要があるのです。しかし、人間は猿などと同様に霊長類に属しますが、立てるまでに１年程かかります。この猿と人間との相違は不思議に感じられますが、この人間特有の特徴をスイスの生物学者であるポルトマン (Adolf Portmann) は「生理的早産」と名付けています。

　教育を考える上でこの生理的早産という概念は重要です。なぜなら、人間は、

生理的側面では未発達の状態で生まれてきますが、精神的側面では他の動物よりも1年早く関わりを持つことが可能となり、言葉や社会性の発達を促します。また、生理的側面ではまだ立つことはできませんが、出産後に脳を大きく発達させ、それに伴う五感（視覚・聴覚・嗅覚・味覚・触覚）を育むこととなり、重要な1年間となります。

　特に、スキンシップは心身両面の発達にとって重要と考えられているので、記憶には残らなかったとしても、生理的に早産することの意味は大きいといえます。例えば、産婦人科によっては出産直後にカンガルーケア（Kangaroo care）を行う場合があります。このケアは、おなかの袋で包み込むカンガルーの姿になぞらえ、出産直後の新生児を母親の胸の上に密着させ、肌のぬくもりを感じさせたり、初めての授乳をさせたりすることで、母子間の絆を築かせる狙いがあります。

4）人間の教育可能性 ＝ 陶冶性

　「陶冶」という言葉は、明治時代にドイツ語の "Bildung" の訳として用いられて以降、一般化します。「陶」は「練りあげる」、「冶」は「とかす」を意味するので、陶器や鋳物を形作ることを意味します。陶芸家が土を成形して茶碗を作成するように、いじめなどをしないよう、教育者が理想と考える性格形成を行います。耳慣れない言葉かもしれませんが、「陶冶」は教育学でよく使用され、「性格形成」の意味で用いられたり、「教育」の代わりに使用されたりするので、覚えておく必要があります。

　普通、幼少期には高い陶冶性が認められますが、大人になるにつれて減少するようです。大人の場合、性格を変えることは難しいため、幼少期における教育が重要となるのです。この点を「教育可能性」と表現する場合もあります。私の父が60歳以上を対象とした野球チームに参加していたのですが、夕食の際に父は、練習後のグランド整備をしない部員が多いことを嘆いていました。私は「その人達にやるよう伝えれば良いのに」と提案すると父は「年寄りは言っても変わらないので、やってみせるしかないんだ」と話してくれました。大人は子供と相違し、簡単にはいかないのだと感じたのを今でも覚えています。ただし、大人の場合、考え方を変えることは可能です。過激な例ですが、言論界を見ると左翼（も

しくは革新）と右翼（もしくは保守）を右往左往する論者を見かけます。もしかしたら右か左かではなく、16世紀に地球一周を達成したマゼラン（Ferdinand Magellan）の艦隊ように、両端がつながっているのかもしれません。

　一般的には年齢を積むにつれて経験値が増し、理解力や読解力が向上します。このため、若い頃は無関心だった古典や歴史、苦手だった語学や理数系などが楽しく感じられ、社会人になってから学び直す人がいたりします。学校の卒業後に再び学び直す場合を「リカレント教育（recurrent、再発）」といいます。OECD（経済協力開発機構）が1973（昭和48）年に提唱したのですが、少子化の今日、文部科学省が再び推奨するようになっています。

　教育者の思い描く理想に沿った形成をするのが「陶冶主義」で、これと対極の考え方が「自然主義」です。自然主義の場合、種子が木の幹へと生長し、花を咲かせて果実を実らせるように、被教育者の素質を種子と考え、それを開花させるように育てます。「自然」というと放任主義に感じられるかもしれませんが、水や肥料を与えたり、周りに草が生い茂ったら刈ってあげたりするように、手間暇をかけて育てます。陶冶主義が「陶芸家」だとすると、自然主義は「お百姓さん」をイメージすると、覚えやすいと思います。

第2節　教育の目的

　教育の目的は、時代や社会情勢や各個人の考え方によって様々です。そこで、ここではドイツの哲学者であるカント（Immanuel Kant）とスイスの教育学者であるペスタロッチ（Johann Heinrich Pestalozzi）の二者を代表者として取り上げておきます。カントは哲学者として有名ですが、ペスタロッチについては聞き慣れない名前だと思います。しかし、物理学におけるニュートン（Isaac Newton）のように、教育学において欠くことの出来ない存在がペスタロッチなので、是非、覚えてください。

1）カント（Immanuel Kant）

　イマヌエル・カントはプロイセン王国の哲学者で、生涯のほとんどをケーニヒ

スベルク（現ロシア：カリーニングラード）で過ごし、晩年に出した三つの批判書（1781年『純粋理性批判』、1788年『実践理性批判』、1790年『判断力批判』）により、今日の哲学史上、欠くことのできない人物となります。

　特に「純粋理性」という概念は、人間の持つ理性の限界を明確にしたので画期的でした。限界と聞くと、理性が劣っているように感じるかもしれませんが、その逆で、人間の認識に信頼をもたらし、科学の発展につながっていきます。それ以前には、天国や神など、存在の有無が不明確なものを如何に解釈するか、悩みの種でした。しかし、カントは、感覚や経験を超え出でた世界（神、来世）ではなく、目の前に広がる世界（現世）に限ったことで、宗教と科学とを区別したのです。神を気にすることなく、考えることが可能となったともいえます。「コペルニクス的転回」という言葉をカントは使用しますが、コペルニクス（Nicolaus Copernicus）が天動説ではなく地動説を主張したように、これまでの認識が180度変わることを意味します。当時、地動説が聖書の世界観に反するという理由で批判されたのですが、このような場合、科学の発展はあり得ないのです。

　この純粋理性の他に「実践理性」という概念も重要です。実践とあるように、この理性は人間が行動する際に働きますが、カントはどのようにしたら人間は外的な権威や欲望に左右されないように行動できるか、考えました。すなわち、因果律（例えば、欲望）に支配されることなく、自分が信じている道徳律（例えば、「弱い者いじめはだめ」に従うことで理念を実現し、正義を追求する必要があると主張します。実際、カントは、自らの道徳律に従い、起床から就寝に至る全てを毎日決まった時間に行っていたそうです。カントが散歩する姿を見て、住民が時計の時間を修正したという逸話も伝わっています。カントが愛して止まないものは「天上の星空と我が内なる道徳律」と述べていますが、とても偉大さを感じさせます。私も星空は大好きでよく眺めるのですが、頭の下がる思いです。

　カントのように各実践を欲望からではなく、義務として遂行するのはなかなか難しいと感じられます。しかし、学生指導の好きな教員が頑張っても当然と見なされてしまい、逆に辛いけど義務を遂行している教員が良く評価されるのを見たことがあります。カントは、人間が他者を評価する際の理性的仕組みについて、解明できていたのかもしれません。

　1795 年には『永遠平和のために』を出版し、それが国際連盟（今日の国際連合）の設立へとつながります。1803 年の『教育学講義』には「人間は教育されなければならない唯一の被造物である。」や「人間は教育によってはじめて人間になることができる。」とあります。

　したがって、カントにとって、理性の育成が教育目的上、重要なことが理解できます。

　ところで、正義を追求する際、お互いに正義を主張し合うあまり、暴力や戦争を引き起こしている場合が認められます。私は幼い頃、正義の味方であり、宇宙の侵略者から地球を守るウルトラマンを見ていましたが、ある時、ウルトラマンが悩んでいるシーンがありました。侵略を行っているのが敵側ではなく、自分達の側ではないか悩むのです。結局、敵を倒さないと自分達がやられるので倒すのですが、後味の悪さを感じました。正義を主張する際、暴力や戦争を避けるためには今一度、自分を振り返ることが必要であると認識させる良い教材と感じています。

2）ペスタロッチ（Johann Heinrich Pestalozzi）

　ヨハン・ハインリヒ・ペスタロッチはスイスの教育学者であり、1781 年から 1787 年にかけて『リーンハルトとゲルトルート』（1 ～ 4 巻）という前者が父親、後者が母親の名前を冠した小説で注目を集めます。1801 年には『どのようにゲルトルートは彼女の子供たちを教えているのか』と題する理論書を出版しますが、教育目的が知・徳・体の三つの区分で構成されています。これ以前にも知・徳・体の教育区分は用いられているのですが、ペスタロッチの教育実践がヨーロッパ中に広まり、さらにアメリカを経由して明治初期の日本にも伝わります。日本ではこの教育を「三育（さんいく）」と表現しています。

　したがって、三育説を世界中に広める役割を果たしたのがペスタロッチといえます。

　大学で教育学を学んだ 4 年間、ペスタロッチの名前が繰り返し出てきました。特に印象に残っているのが、1 年次に初めてペスタロッチの説明を受けた際、「教育愛」という言葉が授業の最初から最後まで繰り返されたことでした。その度

に「それって何？」と戸惑ったのを覚えています。実際にペスタロッチの著書を読むと理解できるのですが、被教育者を愛して信頼し続けることだと思います。しかし、人間関係を考えると、一般的には全ての被教育者に教育愛を持ち続けるのは並大抵のことではありません。ペスタロッチの教育者としての偉大さがここから偲ばれます。

　ペスタロッチに関しては今後もしばしば出てくるので、この程度に止めます。

第3節　教育の区分

　教育目的を三つに区分するペスタロッチを紹介しましたが、教育の区分は教育目的だけに限られません。ここでは様々な区分を紹介します。

1）場所（教育行政）

　教育が行われる場所を考える場合、①家庭教育・②学校教育・③社会教育という区分が一般的です。この場合、教育者は親・教師・上司や先輩となります。この本では学校教育に偏った記述となりますが、指導を行う全ての人々にとって参考となるよう、心がけたいと思っています。

　ところで、文部科学省の場合、「社会教育」（教育基本法、第7条）は家庭教育をも含めて考えており、学校教育以外の全ての教育をその範囲としています。例えば、国及び地方公共団体に対し、図書館、博物館、公民館等の施設の設置を求めています。そして、体育やレクリエーション活動も含まれるなど、幅の広いのが特徴です。

2）教育改革

　どのような教育を行うべきか、議論されている様子を見ると、①自己向上力の充足、②良き市民の形成、③有能な労働者の形成の3つの側面から考えられていると要約できます。すなわち、各個人における成長願望のみならず、市民社会・産業界からの要望の三方面から議論されているのです。

　このように、三方面あるので、自分自身では不要と思われる改革であっても、

他の方面から加えられることとなります。このため、教育課程（カリキュラム、教育の内容）が年を追うごとに膨らんでいます。例えば、2020 年にはそれまで小学校 5 年生からだった英語が小学校 3 年生からとなります。英語嫌いを早めるのではという懸念もささやかれますが、国際化を目指す日本の課題として、今後ますます若年化していくと思われます。

　江戸時代の寺子屋では読み・書き・そろばんの三つが行われていたという話は聞いたことがあると思います。寺子屋と小学校との科目数を比較すると、今日の子供たちは充実しているともいえますが、多くて大変なのではないかと心配になります。

3）戦前（アジア・太平洋戦争以前）と戦後

　下記の点で①戦前と②戦後とを比較すると、180 度の相違があります。
　① 戦前の学校（天皇主権・国家主義・軍国主義）
　② 戦後の学校（国民主権・基本的人権の尊重・平和 / 民主主義）
　例えば、戦前の場合、天皇主権に基づき、教育勅語（きょういくちょくご）という、天皇から国民への「お言葉」が重視されていました。法律ではないのですが、国民の守るべき教育方針が述べられていました。その中には、後に詳しく述べますが、天皇と国に命を捧げることへ通じる内容も含まれていました。また、歴史の授業において天皇の家系につながる神話が尊重され、教えられていました。戦後では神話ではなく、その代わりに先土器時代や縄文・弥生時代が取り上げられるようになります。

　教科書自体にも著しい相違が認められます。戦前の教科書は終戦後もしばらく用いられるのですが、戦後では新しい方針に沿わない部分を墨汁で見えないよう、教師が児童・生徒に線を引かせます。例え

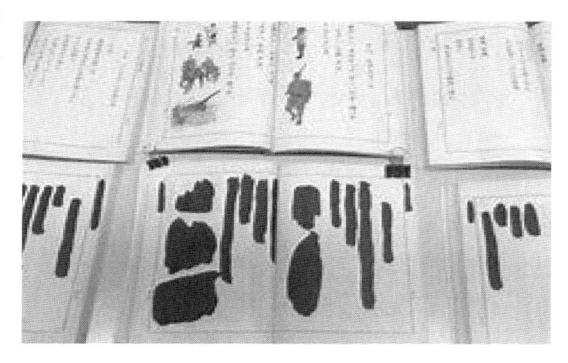

上：教科書（削除前）、下：墨塗された教科書

ば、写真のように軍事的な文章と兵隊の絵が黒く塗りつぶされています。この教科書を「墨塗教科書（もしくは、黒塗り教科書）」といい、この黒い線引きによって、教師や児童・生徒は時代の変化を体感したようです。

　戦前での大日本帝国憲法（明治憲法）や国民学校令に代わり、戦後では日本国憲法（昭和憲法、現行憲法）や教育基本法、学校教育法などが制定され、また、法的拘束力はありませんが教育課程の基準として学習指導要領（Course Of Study、略称：C.O.S.）が定められます。

　教育課程を比較すると、戦前での修身（今日の道徳的な内容）、国史（神話に基づく歴史）、地理（日本の植民地を含む国土）、教練（軍事訓練）が戦後で排除されています。戦前には必修として軍事訓練のあったことに驚かされますが、他の国では今日でも兵役を義務と定めている場合があります。例えば、私の韓国の友人は、息子を日本の4年制大学へ留学させたのですが、大学2年の時に約2年間の兵役のため、休学させざるを得ませんでした。息子は復学したものの、学業の中断による遅れと、友達の卒業などで、負担が大きかったようです。日本の学生もいろいろと大変だと思いますが、勉学に集中できるという点で恵まれている、ということを忘れないでほしいと思います。

4）発達段階による区分

　自分が成長するごとに、主に関わる人々は変わってきたと思います。この理由は、発達段階に基づいて学校が区分されているためです。自分がどのような教育者になりたいのか、というイメージを持ってこの本を読んでほしいので、お世話になった人がいたら、下記の括弧に名前を入れてみてください。

・父母、兄弟姉妹、親戚（　　　　　　　　　　　　　　　　　　）
・就学前教育：幼稚園（　　　　　　　先生）
・初等普通教育：小学校（　　　　　　先生）
・中等普通教育：中学校（　　　　　　先生）
・高等普通教育：高等学校（　　　　　　先生）
・高等教育：大学、大学院、専門学校、高等専門学校（　　　　　　先生）

　全ての括弧を埋められたでしょうか。多分、幼稚園の先生で困った人が多かっ

たかもしれません。私の場合、幼稚園時代に重い病気をして入院した際、佐藤先生がお見舞いに来てくれたことを覚えています。その時に『月の写真』という本をお見舞い品としてくれたことが嬉しく、今でも大切にしています。前年にアポロ11号が月へ着陸し、感動した私はいつも月の話をしていたそうです。私の話に耳を傾けてくれた佐藤先生には感謝しかありません。

　ところで、初等～高等の普通教育（以下①）と高等教育（以下②）との相違について述べたいと思います。イメージとしては、①では多くの教育課程があり、②では専門の学部・学科があるので、①浅く幅広く学ぶか、②特定の分野を深く掘り下げて学ぶか、の相違があるといえます。このため、①では現在における全ての学問の成果を学べるよう、また、将来的に関心のある専門分野を見付けられるよう、教科書の内容が重要となり、②では専門分野における知識・技能や新しい成果が重要となります。特に大学の場合は教育と研究との両方を行う機関なので、教科書に新しい事実を加える、もしくはその間違いを正す役割を果たします。例えば、私が高校生だった1980年代には、日本史の教科書に日本で一番古い貨幣は「和同開珎」であると記述されていました。しかし、今日では、歴史学の成果から「富本銭」と変わっています。

　このように、大学では過去における間違いを批判し、新しい事実を加えるために「研究」が行われるのです。そこで大事になるのが「客観的な事実に基づく批判」です。「客観」とは「～である」という事実に基づくので、誰が考えても同じ成果に達します。その反対語は「主観」ですが、「～と思われる」という個人的な想像や自己中心的な考え方に基づくと、同じ成果が出るとは限りません。例えば、好き・嫌いは個人差があり、主観に過ぎませんが、嫌いな教員が「1＋1＝2」と言った場合、主観的には同意したくないと感じたとしても、客観的に見れば正しいと認めざるをえません。このように、研究を行う際は主観を排し、客観的な成果を積み重ねることが大事となります。

5）その他
①特別支援教育 or インクルーシブ教育（Inclusive Education）
　今日、健常者と障がい者という区分が一般的です。この区分により、お互いが

生活しやすくなると思われているようです。実際、学校教育法第72条では、視覚・聴覚・知的・精神障がい者と肢体不自由者又は病弱者（身体虚弱者）に対し、各障がいに応じた支援を行う学校（特別支援学校）の設置を義務づけています。このように、特別支援教育がなされることで、不自由に配慮された教育が受けられることとなります。

　しかし、実際には健常者を中心とした社会が築かれているため、特別支援学校の卒業後、不自由を感じる場合が多くなるようです。このような点を改善するため、「ノーマライゼーション（normalization）」という言葉が北欧を中心として使われるようになります。ノーマル（normal）とは「普通」や「一般」という意味ですが、「普通の社会に戻しましょう」という願いが込められています。何を普通に戻すのか、不思議に感じるかもしれませんが、健常者と障がい者とが区別されることなく、社会生活が共にできる状態を「普通」と考えるのです。例えば、視覚障がい者は階段を登ることよりも、降りることが苦手です。登る際は両足を踏みしめながら歩けるのですが、降りる際は一時的に片足が宙ぶらりんになり、片足の状態で落ちる感覚があって怖いのだそうです。このため、降りるエスカレーターがあると助かるのですが、残念ながら健常者の好む昇りのエスカレーターが目立つそうです。確かに私の住む福島県の郡山駅には一カ所だけですが、1本だけ設置されているエスカレーターがあり、昇り専用です。障がい者にとって不自由なことが健常者には理解しづらいことが分かります。

　このように、ノーマライゼーションからはほど遠い現状ですが、障がいのある子供を特別支援ではなく、一般の学校で共に学ばせたいという親も増えてきています。健常者に障がい者を含める（include）ということで、インクルーシブ教育と呼ばれています。指導する側の資質不足や未熟な段階の子供にとって苦痛となっていないかなど、解決すべき問題も多いのですが、特別支援教育の他、インクルーシブ教育という選択肢が増えることで、ノーマライゼーションの実現に近づくのではと期待が持たれます。

②フリースクール（Free School）

「フリースクール」という言葉は世界中で使用されていますが、定義は一定し

ていません。日本の場合、一般的には「不登校・登校拒否などの子供が通う学校教育以外の施設」を意味する場合が多いようです。このため、学校教育ではなく、社会的更生を担う社会教育の施設にあたります。私はそのような施設で非常勤講師をしたことがあるのですが、芸能活動のために学校に行けないので、通信制高校のレポート作成をサポートしてもらうために通っている生徒もいました。

　しかし、前向きな生徒ばかりではなく、教育者に敵意をあらわにしたり、授業中に生徒同士で殴り合いを始めたりするなど、難しさも実感しました。殴り合いを止めようと後から羽交い締めにした際、「おまえらしくないぞ」と私が叫ぶと、途端に動きが止まったことを思い出します。その生徒とはよく話すことがあり、乱暴な所もあるのですが、仲間を大切にする気遣いを感じていました。生徒にしてみると、ケンカしている自分は本来の自分ではなく、本当は普通の学校生活を望んでいるのではないか、と感じたことがあります。「自分らしさ」を意味する言葉に「アイデンティティ（identity)」があり、「自己同一性」と訳されることが多いようです。自分が何に向いているのか、何を目指すべきなのか、若いときほど悩むことが多いと思います。人生の後半に位置する私から見ると、若い時は将来に不安を感じるかもしれませんが、色々な可能性を秘めていると考えてほしいのです。大学生の皆さんは悩みながら生活していると思いますが、とにかく、目の前にある問題の解決に集中してほしいと願っています。

　不登校の生徒が増えたことで、2009 年からフリースクールなどの施設に通った期間を出席扱いにできるようになっています。このように、フリースクールを学校教育の一環として認める動きがあるので、社会教育の区分から学校教育へ移行しつつある状況にあり、今後の動向が注目されるところです。

宿題：「どのような 親 / 教師 / 上司・先輩 になりたいか」について、過去の例を示して書いてください。

第2章
学校のない時代の教育

　宿題から過去に学んだ恩人を思い起こしたのではないでしょうか。特に、学校での学びは、私たちに多大な影響を与えていることが感じられたと思います。

　「学校（school）」という言葉の語源は、古代ギリシャの"scholē（スコレー）"に由来します。本来は「閑暇」や「ひま」を意味しますが、仕事がなく、余裕のある時間に学んでいたことから、その場所を示す意味に転嫁していきます。したがって、仕事を無理にさせられることなく、余裕のある時間を使って勉強できることは幸せなはずです。しかし、今日、不登校などの問題が顕著になっているので、本来の意味からは遠くなっているといえます。

　ところで、日本でも古代の律令制の時代から今日の学校といえる教育機関が存在します。写真は栃木県にある足利学校の学校門です。諸説ありますが、平安時代か鎌倉時代に設立されたと考えられています。参観料が必要ですが、支払った際、「ご入学おめでとうございます。」といわれ、「入学証」を頂きました。工夫された演出に驚き、嬉しく感じました。しかし、「学校」という言葉自体が一般化するのは明治時代以降です。明治以前にも「足利学校」や「閑谷学校」（現在の岡山県備前市）など、少数ですが「学校」を用いる場合が存在します。しかし、「〜小学校」など、教育機関で「学校」という名称が一般化するのは、江戸時代の鎖国政策を止め、西洋式の教育制度を取り入れる明治維新（1868年）以降です。学んだことのない人がいないこと、授業料の負担

足利学校の校門

がかからないこと、特定の思想に偏りがないことが目指され、今日の「学校」が完成します。さらに、身体面を教育上、重視するようになります。

したがって、今日の学校を定義すると、義務制・無償制・中立性の三つの他、身体の育成の重視があげられます。

そこでまず、「学校」が誕生する以前、すなわち江戸時代の教育制度について確認します。

第1節　「学校」誕生以前の教育制度

明治以前の教育制度は身分別に異なります。江戸時代には「士農工商」という身分差が有名ですが、今日の研究成果によると、当時、そのような用語は使用されていなかったことが明らかとなっています。しかし、特権階級で軍事・政治を司る「士」と、一般階級の「農工商」との間で身分差は確かにあります。

このため、身分差による二系統の教育制度が認められます。

1）武士

諸藩が藩士の子弟を教育するために設立した学校を、今日、「藩校」と総称しています。私の住む福島県の場合、藩校は複数あるのですが、白虎隊で名高い会津藩の日新館がメディアで取り上げられます。是非、自分の出身地に近い藩校名を調べてください。（出身地に近い藩校：　　　　　　　　　）

藩校では学問と武術とを授けるのが一般的です。

①学問

儒学の四書五経（中国古代漢籍）が学ばれています。特に徳川幕府では、数ある儒学の中で朱子学を重視しています。この理由は、当時の中国や韓国を模倣したためと考えられています。上下関係を示す「敬」が筆頭の徳目とされており、幕府にとって都合のよい思想体系だったといえます。

指導法については「素読」が用いられています。素読とは、意味も解せぬまま声に出して読み、記憶・暗誦する学習と表現できます。私が海外の教育史学会に参加した際、日本人研究者が素読を紹介する発表をした際、欧米人からなぜその

ような指導をしたのか質問されていました。このため、素読は欧米にはない、独特の指導法であったといえます。

②武術

武士の役割上、戦闘訓練が必須となるのですが、江戸時代になって戦争がなくなると学問が重視されます。会津藩の場合、日本で4番目に広い猪苗代湖があったため、日新館には「水練場」がありました。今日、新たに復元された日新館には「日本で最初のプール」という記述が認められますが、「水練は今日の水泳の授業とは異なります。体力は付くかもしれませんが、水練は生死を争う戦闘訓練の一環であり、軍事目的として行われています。このため、今日の「水泳」が一般の人々を対象とした心身の発達という教育目的で行われるので、「水練」と「水泳」とは同一視できません。

2）一般庶民

①寺子屋

庶民とは、武士などの特権階級に対し、社会的特権を持たない人々を意味します。その子供たちの教育を担ったのが「寺子屋」です。歴史書によっては「寺」にあった「小屋」の意味で「寺小屋」と表記されている場合がありますが、間違いです。正しくは、寺院の檀家制度に基づく子供が「寺子」で、その集まる部屋を意味します。当時は「手習塾」などと呼ばれることもあったようですが、今日、「寺子屋」と総称されています。

寺子屋には全ての子供が就学したのではなく、塾のように、学びたい人が代金を支払って通う場所でした。渡辺崋山が授業風景を描いた絵画がありますが、机の位置はバラバラで、左側中央にいる先生の所へ塾生が個々に質問に行っています。

渡辺崋山『一掃百態（寺子屋の風景）』（1818 年）

また、右上の方ではけんかをしており、まるで学級崩壊のように見えます。今日と比較すると非効率的に感じられますが、受験戦争の無い時代なので、おおらかで自由度の高い教育ができたともいえます。

　指導内容は「読み・書き・そろばん」の三つを基本としたので、今日の初等教育に相当するといえます。国語と算数だけと感じるかもしれませんが、教える内容は決まっておらず、指導者が独自に手紙文など、様々な教材を用います。このため、当時としては外国語だった漢文や自然科学の内容が盛り込まれる場合もあったようです。このように指導内容はまちまちでしたが、来日した欧米人による手記には、日本の子供たちの識字率に驚いた記録が散見されます。日本人は気づかなかったのでしょうが、当時の教育熱の高かったことが推測されます。欧米の場合、政府への批判を恐れ、一般庶民に知識を与えることを避ける傾向があったようです。

　しかし、今日の「体育」のような運動教科は無かったことが分かります。江戸時代には運動する場所や時間が十分にあったため、わざわざ運動させる必要を感じなかったようです。このため、明治時代になると欧米の学校をまねて体操の授業が行われるのですが、その当初、家で十分に動いているのに、なぜ体操が必要なのか、批判する親が少なからずいました。

　ここで、日本と比較するため、当時の欧米における初等教育の状況を紹介します。指導内容が"3R's（スリー・アールズ）"とよくいわれるのですが、Reading・Writing・Arithmetic の三つで、イントネーションの位置が丁度、三つの R になっています。すなわち、寺子屋のように、読み・書き・計算なのです。この点はどちらかが模倣したのではなく、初等教育の基本がこの三つにあるという、人間に通底した何かがあるのだと思います。

　あと、運動に関する教科ですが、欧米の場合、18 世紀には体操（Gymnastics）が一般的に行われるようになります。生理学・解剖学の発達により、身体に対して「標準」という基準値が当てはめられ、年齢に応じて身長や体重が多い・少ないなど、評価されるようになります。さらに、当時は海外の植民地での活躍が期待され、戦争において民兵など、軍人以外も参加するようになるなどで、体力の強化が必要でした。この身体面だけでなく、精神面の育成も期待されています。

指導者の号令に従い、みんなで一斉に同じ動きをするという、一律的身体訓練として行われています。このように体操は、社会的秩序を維持する規律訓練の一環でもあったのです。

　ところで、発達には本来、個人差があって当然のはずです。しかし、標準が決められたことで、それより遅れている場合、親を悩ませることになります。もしかしたら私たちは、悩まなくて良いことを気にしすぎているのかもしれません。今日の学校では学力の標準として「偏差値」が用いられています。自分の実力がどの程度上がったか下がったかと、確認するには便利な指標です。しかし、その実力とはテストで点数をとることであり、英語の場合、実際に英語が使えるようになる指標とは必ずしも一致していないと感じられます。ちなみにですが、物理学のアインシュタイン（Albert Einstein）は語学が苦手だったと聞いたことがあり、はずかしながら、それでホッとした記憶が私にはあります。今後、歴代の教育学者を紹介しますが、彼らは知性のみならず、人間関係をも視野に入れた理論を展開しています。学問は優秀でも、人間関係は苦手な大学の教員を目にすることがあります。今日の学校では偏差値を気にするあまり、社会に出てから必要となる知識・技能は後回しにされているのかもしれません。自分の学力を測る指標として偏差値は客観的な数値の一つと考えられます。しかし、自分の外側から与えられた数値を鵜呑みにするのではなく、自分の内側から「客観的な事実に基づく批判」を行い、行動できるように大学生を指導できたらと思います。

　以上から、欧米と比較すると、江戸時代における日本の教育は知徳の教育が中心で、特に座学が関心事であったこと、また、身体に関しては、軍事訓練など身分に応じた身体訓練は行われていたものの、教育目的上、身体の育成には無関心だったことが分かります。このため、後に詳しく述べますが、欧化政策をとる明治時代以降、日本で「体育」という言葉が初めて現れ、学校で「体操」の授業が行われるようになるのです。

②私塾

　私塾は民間の自然発生的な教育機関で、指導内容的には今日の中等教育以上に相当するといえます。一定の学識と人格を有した人物の下に、それを慕う生徒が集まりました。例えば、学問の場合は松下村塾の吉田松陰、医学の場合は適塾の

緒方洪庵などが有名です。その他に三味線などの楽器、お茶などの芸道、柔術・剣術などの武術のように、多彩な私塾が認められます。

　ちなみに「柔道」のように、「術」ではなく「道」を付けるのが一般化するのは、明治時代以降です。特に講道館の嘉納治五郎が生理学・医学的知見に基づき、怪我につながる技を排除するなどして、軍事目的ではなく、教育目的にかなう改変を行っています。その際、「柔術」ではなく、「柔道」と称するようになります。その後、「剣道」など、武術には「道」を付けるようになっていきます。

第2節　江戸時代の教育者

　江戸時代以前は戦国時代といわれているように、室町幕府の弱体化から争いが増加します。武田信玄や上杉謙信などが有名ですが、戦勝祈願に仏教が活用されます。生死をかけた戦いが続くので、現世では得られない、超越的な力を持つ仏様にすがろうとした気持ちは理解できます。しかし、江戸時代になって戦乱がなくなると、現世の秩序を保つ思想が重視されます。このため、儒学が重視されるのですが、特に当時の中国や韓国で一般的だった朱子学に基づく政策が展開されます。

1）林羅山

　徳川家康が朱子学派の儒学者林羅山を任用したことで、以後、儒学者の社会的地位が向上します。羅山の私塾が後に江戸幕府直轄の教育施設である昌平坂学問所となります。その跡地が御茶ノ水駅の近くにあり、周辺には私の所属する日本大学の他、数多くの大学が密集しています。

2）関孝和

　関孝和は中国の模倣を超え、日本独自の数学を確立た人物です。例えば、中国などで当時、高次方程式を解く際、算木という器具を用いたのですが、筆算でできるように改良します。その成果が1674（延宝2）年の『発微算法』です。その後、西洋での行列、円周率、微分積分、整数論などとは無関係に、独自の理論を構築

しますが、明治時代以降、西洋の数学に取って代わられます。今日、関の功績を
たたえるため、「和算」と称して西洋の数学と区別しています。

3）荻生徂徠

　朱子学は中国南宋の儒学者朱熹によって創始され、これは日本の平安時代末期
頃にあたります。その後、さまざまな儒学者が朱子学を解説する注釈書を書きま
す。山崎闇斎はそれらの注釈書を批判し、朱熹の著書から直に学ぶことを主張し、
江戸幕府を支える理論を構築します。今日でいうと、研究の際に翻訳書や解説書
に頼るのではなく、原著を用いて研究を進めるのと同じです。

　この闇斎の教えに対し、伊藤仁斎は理論に偏りすぎて人間性を損なっていると
批判します。仁斎によると、本来は身近な人への愛情や思いやりを意味する「仁」
が大事にもかかわらず、理論を重視するあまり、失敗した人を許す許容を欠いて
いるのだそうです。そこで、儒学の源流である孔子・孟子の原義に立ち返り、本
来の「仁」を取り戻すべく「古義学」を提唱します。私塾である古義堂には門人
帳によると3000人もの人々が日本各地から集まったとされています。

　荻生徂徠は、深く孔子・孟子を追求するには「訓読」を止めるべきと主張します。
訓読とは漢文を日本の文法に従って語順を変えたりしながら読む方法です。徂徠
によると、本当に中国の古典を理解するには、中国の発音のままに読んで解釈し
ていく直読直解が不可欠なのだそうです。これにより、古代中国の古典を読み解
く方法論として「古文辞学」が確立されます。この点は今日の英語教育において、
後ろから前方へ返り読みするのではなく、英文の語順のままに頭から解釈してい
く勉強法を思い起こさせます。私塾である蘐園塾が1709（宝永6）年に開設され、
1725（享保10）年頃には、8代将軍の徳川吉宗の下で政治改革論の『政談』が
上奏されています。その中で、人口問題の記述や身分にとらわれない人材登用論
は特に有名です。

　余談ですが、「徂徠豆腐」という赤穂浪士の四十七士に関わる落語・講談・浪
曲の演目があります。私が教職課程を履修していた際、教員になりたい場合、ス
トーリーテラー（storyteller）の素養が必要であると教えられました。ただ話す
のではなく、間の取り方が大事で、それを養うには落語をたくさん聞くと効果的

というので、足しげく通ったことを思い出します。ただ聞くだけなので、私にとって楽しい勉強法でした。

4）貝原益軒

　貝原益軒は儒学者であり、医学者としても有名です。1710（宝永7）年には日本で最初の体系的な教育書といわれる『和俗童子訓』を出しています。生まれて以降、年齢に応じた教育が段階的に述べられている点で、それまでにない特徴が認められます。

　1712（正徳2）年には『養生訓』を出しますが、「医は仁術なり」の記述などで今日でもよく知られています。「養生」とは今日でいう健康法で、身体と精神の両面から養生法が述べられています。「病は気から」と述べられており、この格言は有名ですが、健康の維持には心掛けの必要なことは今日にも通じます。

5）塙保己一

　塙保己一は国学者で、1793（寛政5）−1819（文政2）年にかけて古代以降の日本文学作品1273種を『群書類従』と称して再版します。再版の際、20字×20行の400字詰に統一するのですが、一説によるとこの形式が今日の原稿用紙の基といわれています。和学（国学）の研究・教育機関である和学講談所を開設し、その死後も弟子により事業が続けられ、今日でも東京大学史料編纂所で『大日本史料』の編纂と刊行という形で継承されています。

　和学講談所の跡地（東京都千代田区三番町24）は私が大妻女子大学（千代田キャンパス）の非常勤講師をしていた際、その前を通っていました。しかし、現在は跡地を示す標識が撤去されているそうで、写真を撮っておくべきだったと後悔しています。

6）広瀬淡窓

　広瀬淡窓は儒学者で、1805（文化2）年、大分県日田市に咸宜園という全寮制の私塾を開設します。入門者が約4500人もおり、日本最大の私塾とされています。「咸く宜し」という名のごとく、広く門戸を開きました。特に「三奪」と

称して、入門時に年齢・学歴・身分の3つを奪い、みな同列としたことには、身分制度が厳しかった当時において先見性を感じます。

第3節　江戸時代から明治時代へ

　江戸時代を象徴する政策として「鎖国」があげられます。キリスト教の伝導や信仰の禁止に始まり、1639（寛永16）年にポルトガル船の来港を禁止して以降、海外の文化が日本に入りづらい状況となり、儒教による思想統制が徹底されます。ところで、1790（寛政2）年の「寛政異学の禁（かんせいいがくのきん）」といえば福島の白河藩主、松平定信が徳川幕府の老中の際に実行した政策として有名です。儒学の中でも朱子学を徹底するよう、統制を行ったのですが、今日、キリスト教を禁止したと誤解される場合があるので注意が必要です。厳しいさまざまな統制に対して「白河の清きに魚のすみかねて　もとの濁りの田沼こひしき」という狂歌が残されているので、定信は、徹底的にクリーンな政治を目指したことが理解できます。

　鎖国政策が続くことで、科学技術面において、西洋に後れを取ることとなります。これが顕著になるのが江戸末期の1853（嘉永6）年です。この時、アメリカ人のペリー（Matthew Calbraith Perry）が軍艦で日本に来航し、翌年、日米和親条約を締結するのですが、日本側からすると4隻の軍艦が印象的だったようです。特に、軍艦が一度、日本を離れようと出航したのですが、すぐに引き返してきた際、今日の自動車のように後方へバックしてきた動きに、日本人は衝撃を受けます。今日の私たちではその衝撃が想像しづらいのですが、当時の日本の船は後方へ戻りたい場合、今日のボートのようにUターンしなければならず、自動車のようにバックはできませんでした。1863（文久3）年の薩英戦争では、薩摩藩側は陸地から、イギリス側は海上の船から大砲を撃ち合いますが、安定しない海上からの砲弾が長い距離にもかかわらず的確に着弾するので、薩摩藩は苦戦します。薩摩藩側が丸い弾丸で、イギリス側が先のとがった弾丸なので、科学技術力に差があったのです。この差に気付いた薩摩藩はイギリスとの交流を開始し、さらに徳川幕府には内密にイギリスへ留学生を派遣します。

　その後、徳川幕府の消滅に伴って1868（明治元）年には明治新政府が発足し、

欧米の文化を積極的に取り入れる欧化政策が推進されます。そして、それまで各地の藩ごとに制定されていた教育制度に代わって、1872（明治5）年に「学制」が制定され、日本全国を統一する教育法令が初めて施行されます。

宿題：「先生あるある話」など、印象に残っているエピソードを書いてください。

第3章
明治維新による「学校」の誕生

　宿題では印象に残っている先生の話を書いてもらいました。みなさんも学校では印象深い先生がいたことと思います。私の場合、高校時代の漢文の先生（男性）を思い起こすことがあります。朗読が圧巻の迫力で、私は今でもまねをしてある一節を口ずさむことがあります。その一節とは、楚の項羽が漢の劉邦と争っていよいよその戦いで敗れ去ろうとする際、愛する女性の虞姫を思って述べた「あ～、虞や虞や～、汝を如何せん～」です。上を見上げ、思い起こすように閉じられた先生の目蓋の裏に、確かにある女性の姿が浮かんでいると分かりました。家族に迷惑がかからないか心配になった際、私はこの一節を口ずさむようにしています。

　それでは、今日の学校体系ができあがるまでを述べていきたいと思います。

第1節　日本全国での教育法制の統一

　1872（明治5）年に制定された「学制」は、日本最初の近代学校教育制度に関する基本法令です。主にフランスの教育制度を模倣しているのですが、封建時代の儒教主義を否定し、欧米における啓蒙主義（「啓」はひらく、「蒙」は暗いの意）を目指しています。この啓蒙の基準を全て欧米に求めたため、欧化主義とも称されます。学制では序文にあたる部分で四民平等に基づき、「邑に不学の戸なく家に不学の人なからしめんことを期す」と、今日の義務教育制度に通じる目標が掲げられます。すなわち、政府としては、各地で学んだことのない家庭がないように、また、各家庭で学んだことのない人がいないように誓いを立てているのです。それ以前には、今日の塾のように学びたい人が代金を払って行くのであって、政府側から民衆に学びを求めることはありませんでした。このため、小学校は6歳の国民全てが就学すると定められています。

　ただし、学校に行くのが子供の義務であると定めているのではありません。義

務があるのは保護者の方で、全ての子供に学ぶ機会がプレゼントされることを目指しているのです。しかし、当初は「学校」という新しいシステムが民衆の理解を得られなかったため、約3割しか就学せず、1900年頃になって約8割が就学するように漸増していきます。

　学制の当時には試験によって進級が決まるので、同級生が同じ年齢とは限りません。欧米のように個人の実力が進級に反映されるよう、個人主義が取られたのです。また、授業では古典などの文学的な内容を排除し、欧米の自然科学や技術を重視する実学主義が取られました。「天は人の上に人を造らず人の下に人を造らずと言えり」で始まる『学問のすすめ』（1872年）で福沢諭吉は、実学主義に基づき、難しい文字・古典・和歌・詩など「世上に実のなき文学」を批判しています。

1）最初の教科目

　そこで、当時の教育課程（カリキュラム）を見ると、学制では小学校の場合、綴字・習字・単語・会話・読本・修身・書牘・文法・算術・養生法・地学大意・理学大意・体術・唱歌（全14科目）と示されています。江戸時代の寺子屋と比較すると、日本の近代化を目指した多くの教科目が課されており、民衆にとっては変化の大きさから、それらの必要性を理解しがたかったようです。しかし、「書牘」のように、手紙や証文（年賀状などの時候の挨拶や返済金受取証文など）を通した文章力の育成など、寺子屋の伝統が残されている場合も認められます。

　特に変化の大きかったのは「体術」という運動に関する教科目が設置されたことです。しかし、前述したように、設置の当初は理解を得られず、なぜ体操が必要なのか批判する親もいたのです。翌年の1873（明治6）年には「体操」へ変更されますが、その後、1941（昭和16）年に「体錬」と変更されるまでの約70年、「体操」の名称が続きます。そして、戦後に初めて「体育」という教科名が誕生します。このため、戦前の教育を受けた人は「体操の先生」、戦後の教育を受けた人は「体育の先生」と、教員を示す名称が相違します。大正時代に生まれた私の父が「体操の先生」と言い習わしていたことが印象に残っています。

　ところで、「体育」という言葉は、先行研究によると、明治初期に日本人が

"physical education" を「体育」と翻訳したことで誕生したといわれています。このように、明治初期には「体育」という言葉が使用されていたのに、教科名としては「体操」が一般的に用いられ、戦後、「体育」というようになったことは不思議に感じられるかもしれません。この点については、後で詳しく述べたいと思います。

2）二つの系統の学校

　学制の制定以降、学校は二つの系統に分かれます。小・中学校の後、エリートの育成を目的とした大学校（普通教育系）と、教員になりたい人が通う師範学校・高等師範学校（教員養成系）との二つです。教員養成系の場合、教職に就くことを条件に学費などが免除されたため、家計が厳しくて進学できない優秀者を救済する役割も果たします。師範学校は小学校の教員、高等師範学校は中学校の教員を養成する役割を担っています。

　師範学校ではアメリカ人のスコット（Marion McCarrell Scott）がアメリカで一般的だった小学校教授法を指導します。江戸時代の寺子屋とは相違し、今日の学校と同様、一斉教授法（一人の教員が多数の児童・生徒に対して、同一時間内に同一内容を教授する方法）が採用されます。

　ここで、私の住む福島県郡山市を例に、明治初期と今日の学校とのつながりについて確認します。ちなみに、現在の所、東北地方の人口で郡山市は、第1位の宮城県仙台市に継いで第2位です。

【普通教育系】

①初等教育

　初等教育で一番古い学校は、郡山駅に近い「金透小学校」です。この始まりは1873（明治6）年に設立された「盛隆舎」で、1874（明治7）年には「郡山小学校」と改称されます。しかし、1876（明治9）年の明治天皇による東北御巡幸の際、随行した木戸孝允が「金透小学校」と命名したのを今日、使用しています。

②中等教育

　中等教育では「安積高校」が一番古く、最初は「福島中学校」として設立されます。旧校舎は「安積歴史博物館」として校内に保存され、映画やテレビドラマなどの

撮影場所としても活用されています。中等教育では男女別学のため、女子の場合、「安積高等女学校」が設立され、今日、男女共学の「安積黎明高校」となります。

③高等教育

高等教育の場合、福島にはなく、東北地方では仙台に「東北帝国大学」が設置され、今日の「東北大学」となります。東京、京都に次ぐ第3番目に設置された帝国大学で、3人の女性（黒田チカ、丹下ウメ、牧田らく）に入学を許可したり、外国人留学生の博士号取得者を輩出したり、他の帝国大学に先駆けた試みがなされています。

【師範教育系】

①師範学校

1876（明治9）年に福島県・磐前県・若松県が併合し、今日の福島県が成立します。それ以前から各地で行われていた教員養成施設は1878（明治11）年に合併され、「福島師範学校」が設立されます。この教員養成を目的とした学校はアジア・太平洋戦争後、再編されて一般の大学となります。福島師範が戦後に「福島大学」となるように、各県の国立大学にはその前身が師範学校だった場合があります。そして、教員養成については特定の学校ではなく、各大学で教職課程を設置して行うようになります。

②高等師範学校

福島には高等師範学校はなく、東京に「高等師範学校」が設置されます。今日の「筑波大学」ですが、私は1985（昭和60）年の「つくば科学万博」の際、訪問する機会がありました。夏休み中に万博会場内のラーメン屋でアルバイトをしていたのですが、同僚の筑波大生が構内を案内してくれました。広い敷地のため、車の信号機が大学内にあることに驚きましたが、高等師範学校の資料を引き継いでいるため、その後、何度も大学の図書館に通うことになります。

　以上のように、初等教育から高等教育・師範教育まで見てきましたが、明治時代の福島中学校が今日の安積高校と述べた際、今日の中学校は明治時代にどうだったのか、疑問に感じた人もいると思います。実は今日の中学校は明治時代には存在せず、アジア・太平洋戦争後、アメリカの「6・3制」を採用した際に誕生します。新しい学校教育法の下、6年間の小学校の後に3年制の新制中学校が

加えられたため、義務教育が6年制から9年制へ移行したのです。

　したがって、今日の中学校の歴史は戦後に始まるので、まだ浅いのです。

4）明治初期における学校の特徴

　最後に、明治初期の特徴をあげると、当時は欧米に習い、学校の始まりを9月とするのが一般的でした。しかし、国や県の会計年度が4月から始まることに合わせ、日本独自の4月開始に変更されます。これに合わせ、以前は学年末だった8月を「夏休み」と称して、課業の中途にもかかわらず、長期休暇期間を設ける必要が生じてしまいます。日曜日という欧米特有の考え方が普及するのも、時間割を使用するようになるのも、明治初期からです。また、今日では運動場は当たり前のように感じますが、体操という新しい教科目のため、各学校には運動場が設置されるようになります。ただし、体操は外で行う科目と考えられていたため、当初、今日の体育館のような柱のない広い空間を必要とする建物は、必須とは考えられていませんでした。

　ところで、欧米にはない発想の学校施設が「昇降口」です。日本の場合、玄関で靴を履き替える習慣上、必要でした。私は宮城県の高校訪問を担当していた際、登米市に1888（明治21）年竣工で国指定重要文化財の「登米高等尋常小学校（現：宮城県登米市、教育資料館）」が保存されているのを偶然知ります。その学校を見たときの「昇降口」の印象が忘れられません。校舎は西洋風デザインを取り入れた2階建てで、子供たちが憧れを抱いたに違いないと直観しました。そして、

旧、登米高等尋常小学校

旧、板柳小学校

門をくぐり、校舎へ近づいた際、六角風の屋根の昇降口が左右の建物にあり、シンメトリー（左右対称）の景観となっています。写真は左右の昇降口が分かり易いように、右側の昇降口が中央に、左側の昇降口が左端に写るようにしました。本当は正面から校舎を見てほしいので、ネットで検索してください。私が入学した「板柳小学校」も古い建物で印象深いデザインでしたが、取り壊されています。校舎が陸上グラウンドの100ｍよりも広く、横幅が長かった記憶があります。古いものを維持するのは大変ですが、いつまでも大切にして欲しいと感じます。

第2節　明治以前の心身観（「体育」という言葉の欠如）

　漢字は中国から日本に伝わります。しかし、「体育」という言葉は、漢字を使う中国や韓国ではもともと使用されておらず、実は日本人が作り出した言葉なので "made in Japan"（日本製）なのです。それは明治時代の初期に日本が欧化政策をとる際、欧米における "physical education" という言葉を翻訳する必要が生じ、造語されます。すなわち、江戸時代には「体育」という言葉は存在せず、明治時代に日本で使用されるようになると、中国や韓国にも逆輸入されて伝わるのです。

　しかも、明治初期の「体育」は今日のように運動に関する教科名ではありません。身体の育成を目的に、運動のみならず、今日の「保健」のような衛生（衣食住）、さらには健康のために体を休めることなど幅広いので、必ずしも運動とは限らないのです。このため、最初の「体育」は身体のための教育（以下、身体教育と略します）を意味します。このように、「体育」の手段は運動とは限らないため、教科名としては「体育」ではなく、具体的な運動種目の名称である「体操」が用いられるのです。後に「体育」が教科名として使用される理由については、後ほど述べます。

　ここでは、東洋思想に基づく明治以前には、精神と身体とを区別する発想が薄く、身体面だけを教育するという身体教育の概念が生じることはなかったこと、このため、「体育」という言葉が形成される思想的土台が存在しなかったことを確認します。

1）身心一如

　東洋思想を代表し、日本にも影響の大きかった宗教は仏教と儒教と道教で、こ
こでは代表として仏教を取り上げます。仏教の始祖はインドのガウタマ・シッダー
ルタ（「ゴータマ」や「シッダッタ」などとも）で、人間が苦しむ根源を明らか
にするために修行に出ます。そして、菩提樹の下で座禅を組んだ際、それが「生
老病死」の4つであることを悟り、人々を救う布教活動を始めます。その後、仏
陀、釈迦など、さまざまな尊称が用いられ、その教えが普及していきます。

　この仏教における心身問題を考える際、参考になるのが中世の禅僧である栄西
です。彼は、日本にお茶を飲む習慣を伝えたことで有名ですが、「身心一如」と
いう言葉を用いています。「身心」が今日と逆ですが、そのように使われています。
座禅を行う場合、ただ静かに座っているのではなく、何か解決すべきお題を与え
られて瞑想し、悟りの境地を探っているのです。今日、お題はいくつもあるので
すが、例えば「父母未生以前本来之面目如何」があります。これは、要約するの
が難しいのですが、この世に今、自分自身が存在するのは父母の存在のおかげで、
その父母が生まれる以前に自分自身の存在はどのようであったのか、を問います。
仏教では人間のみならず、全ての生物において生命が無限に転生を繰り返すさま
を輪廻転生といいます。このことを想起させていると思われますが、現在の自分
自身の存在を再考する良いお題と感じます。しかし、修行の足りない私では説明
しきれず、申し訳なく思います。

　とにかく、今日の科学では解明しづらいのですが、禅によっていろんな悟りが
開けるようです。「真如の月」という悟りの境地を示す例があるのですが、月が
闇を照らすのにたとえていう言葉で、煩悩からの解脱、悟りの象徴を意味します。
具体的には、普段、私たちが夜空に見上げる月ではなく、水に写る月をいい、現
実と非現実の一体化した状態を本来の姿と捉えるのです。私たちが現実に目にす
るものは「あくせく」させる（心を煩わせる）存在であり、そうさせる存在は虚
妄・煩悩に過ぎないのです。

　この禅とは、座って行う座禅だけでなく、日常生活における活動全てが修行の
対象となります。この修行により、瞑想における内的経験の昂揚した状態を重視
し、内面的瞑想と外面的行動の両者が向かう理想的境地を達成させます。この状

態を身心一如といい、具体的には精神と身体との区別が消失した如く行動することを意味します。例えば、ダンス・舞踊の場合、次にどの手を動かすなど、いちいち考えることなく、曲に合わせて自然と体が動いているはずです。ピアノなども下手な内は考えますが、できるようになると悩むことなく、曲を奏でられると思います。逆に、ぎこちない場合、例えば、緊張すると同じ側の手と足とを同時に出して行進するなどは、日常とは異なる異常な状態であり、その場合は修行が足りないのです。

　すなわち、身心一如という言葉の通り、精神と身体との区別を意識することなく、一つの如く振る舞えるのを普通の状態と考えるのです。

　このような考え方は西洋でも注目され、例えば、TGV（フランスの高速鉄道）には 2004 年から "ZEN" と名付けられた車両が登場します。この車両では携帯電話が禁止で、会話も慎むことを要求され、また、12 才未満は乗車できません。これが西洋人の考える禅なのか、と考えさせられますが、彼らには魅力を感じさせるようです。

2）無＝有
　「空即是色、色即是空」という言葉も仏教で用いられる重要な概念です。「空」とは「無」のことで、何も存在しないことを意味し、また、「色」とは「有」のことで、何か存在することを意味します。したがって、「何も存在しないこと、これすなわち何か存在すること、そして、何か存在すること、これすなわち何も存在しないこと」といっているのです。西洋人にこのことを説明する際、"nothing equal anything" and "anything equal nothing" と説明しても矛盾するため、理解してもらえません。この点は、西洋思想では理解不能なことなのです。

　しかし、自身の存在が「無」となることで利己心を起こしようがなく、利他につながるようです。利他の実践は難しいのですが、以前、私自身よりも家族の希望を優先した際、結果的に自分の希望も叶った経験があります。利己と利他とは反する概念ですが、実際には一致する場合があるのです。

　そこで、無と有とが一致することを説明する際、有効なのが「能面」です。能面を見るといろいろな感想が思い浮かぶと思いますが、無表情と感じられるのが

一般的だと思います。しかし、演技を見ると、う
つむいた際には底知れぬ悲しみを帯びた表情にな
り、仰ぎ見た際には限りなく希望に満ちた表情と
なります。この変化は、実際に能面を手に取ると
理解できるのですが、光の当たる角度の違いによ
り、それらの表情が感じ取れるように彫り師が工
夫しているのです。ただし、最初から「悲しい顔」
もしくは「笑った顔」に作ってしまうと変化させ
るのが困難なため、無表情にしておくことで、さ
まざまな顔色の変化を際立たせているのです。こ
のため、能面の「無」は「無限」にもつながって
おり、「無」なのですが、「有」ともいえるのです。
この対極にある概念が一つのものとして実在して
いるので、西洋では神秘的に感じ取られるかもし

能楽『定家』

れませんが、東洋では「理にかなっている」と受け入れられているのです。

　実際、西洋の哲学者が来日して東洋哲学に触れた際、最初はいぶかしく思っ
ていたのですが、帰国する際にはその奥深さに気づき、その体験を 1936（昭和
11）年に著書にまとめて本国で紹介した例があります。著者はヘリゲル（Eugen
Herrigel）というドイツ人で、東北帝国大学で西洋哲学の教鞭を執っていた際、
阿波研造という弓術の師範と出会います。東北地方の大震災の際、石巻市にある
阿波師範のお墓も被害に遭ったそうですが、元通りに直されたとニュースになっ
ているので、今でも語り継がれている人物ということが分かります。この阿波師
範がいくら頑張っても的に当たらないヘリゲルに不思議な助言をします。それを
要約すると、意識して矢を放つのではなく、無心になり、矢がひとりでに離れる
まで待つことを学ばなければならない、のだそうです。この阿波師範の助言は、
当てようとする邪念（煩悩）を払拭するために、「無」という概念の必要性を教
示しているのですが、ヘリゲルにしてみると無心になった場合、いったい誰が矢
を放つのか、と神秘的な考え方に対して納得がいきません。ある日、阿波師範が「的
と私が一体になるならば、矢は有と非有の不動の中心」にあることを証明すべく、

夜中で的が見えないにもかかわらず、二本の矢を射ります。ヘリゲルが結果を見に行くと、一本目は的の真ん中に命中し、二本目が一本目を引き裂いています。これでヘリゲルの心が変わります。このやり取りはとても興味深いので、実際に読んで欲しいのですが、翻訳が『日本の弓術』という書名で岩波文庫にあるのでお勧めします。

　以上のように、東洋の場合、精神と身体とを一つのものと考えるのが一般的だったため、身体面だけを育成するという身体教育の発想には至らないのです。

第3節　明治初期の心身両面による教育理論

　明治維新（1868年）以降、日本では欧化政策が始まり、西洋の知識を積極的に移入するようになります。その手段として、西洋人を雇ったり、海外に留学生を送ったりするのですが、洋書の翻訳ということも積極的に行われます。しかし、日本では使用されていない概念をどのように翻訳するか、悩む場合がしばしば出てきます。例えば、"Society" という言葉ですが、今日だと英和辞書に「社会」と訳が載っており、悩むことはありません。しかし、当時はその訳に困り、「人とのつながり」もしくは「人の集まり」などと訳すと意味が通ることから、「社（世の中・世間）」と「会（集まる）」を合わせて「社会」と造語しています。この造語をする際、二字熟語にするのが一般的であり、"History" は「歴史」、"School" は「学校」と訳されます。ただし、「学校」の場合、江戸時代に「足利学校」や「閑谷学校」などがあったため、造語にはあたりませんが、学ぶ場所に「学校」という名称を付けるのが一般化するのは明治時代以降となります。

　そして、当時、輸入した教育書のほとんどが教育を "intellectual・moral・physical" の三つに区分しており、この三つの教育を翻訳しなければなりませんでした。この教育理論を日本人は「三育」と称するのですが、この三育説は、前述のようにスイスのペスタロッチによる "Wie Gertrud ihre Kinder lehrt（どのようにゲルトルートは彼女の子供たちを教えているのか）"（1801年）の影響で世界中に広まります。ところで、「ペスタロッチ」には「ペスタロッチー」と最後を伸ばす表記も認められます。伸ばす方は長田新という教育学者が使用します。

長田はペスタロッチ研究でよく知られ、その教えを広げるために翻訳書の『ペスタロッチー全集』を刊行するなど、尽力しています。自らの墓所をスイスにあるペスタロッチの墓のそばにと希望していたのですが、功績がスイス政府に認められ、その正面に対面する形で埋葬されています。私がペスタロッチの墓参りをした際、願いが叶っていることを確認でき、嬉しく感じたのを思い出します。その長田の薫陶を受けた広島大学系の研究者が「ペスタロッチー」と語尾を伸ばし、その他の研究者は伸ばさないのだと、私は学生時代に教えられました。そのことを教えて下さった先生が「ペスタロッチ」を用いるので、私もそれに従っています。

　この世界中に広がったペスタロッチの影響を受け、イギリスのスペンサー（Herbert Spencer）が "Education; Intellectual, Moral, and Physical"（1861 年）を発表し、当時のベストセラーとなります。この頃に明治維新を迎えるため、どの洋書にも三育説の影響が認められることとなります。本書は翻訳され、1880（明治13）年に『斯氏教育論』（尺振八）が出版されます。この中でスペンサーは、人々が家畜などの飼育について懸命に勉強するが、人間の教育に関する勉強が行われていないことを批判し、教育に関する知識が一般教養として不可欠なことを指摘しています。今日でも、教員免許状を取得するために教職課程を履修する学生以外、その知識を学ぶ機会は希な状況です。私の著書がスペンサーの意図を後世に伝える役割を果たせたら、と願っています。また、教育を考える際、その対象となる被教育者はいろいろと異なるため、決まり切った方程式が役立たない場合があります。その人をよく見て対応を考える際、いろいろな教育理論の歴史を述べた本書が役立つことを祈っています。

　三育説の普及を考える際、明治初期にアメリカ留学から帰国した高嶺秀夫の影響も見逃せません。高嶺は文部省から 1875（明治8）年に欧米の師範学校を調査すべく、文部省の派遣留学生としてアメリカへ送られています。一番近い欧米がアメリカだったためですが、1878（明治11）年に帰国し、1879（明治12）年には東京師範学校で教育学を担当します。その際、アメリカのジョホノット（James Johonnot）の著書である "Principles and Practice of Teaching"（1878 年）に基づいて講義します。この内容は知・徳・体の三育説に基づいており、1885-86（明治18-19）年には高嶺が翻訳し、『教育新論』として出版されます。とこ

ろで、高嶺は、出身が福島県の会津で、幕末の戊辰戦争での敗北後、苦労して慶応大学に学び、文部省から教育学を学ぶためにアメリカへ留学を命じられます。そして、アメリカで学んだ三育説について師範学校を通じて日本に普及させます。この功績によって、私としては、高嶺を NHK の大河ドラマに取り上げるべき人物と感じています。

　以上のように、明治初期には、スイスのペスタロッチに基づく三育説が主流で、その学説はイギリスとアメリカを経由して日本に普及して行くのです。

第4節　「体育」という言葉の誕生

　先に "physical education" という言葉を翻訳する必要が生じ、「体育」という言葉が造語されることを述べました。しかし、最初は「体ノ教」や「身体ニ関スル教育」や「身体教育」や「身教」など、様々な翻訳が試みられています。「体育」という言葉が初めて現れるのは 1876（明治9）年3月10日に発行された『文部省雑誌』6号で、近藤鎮三が使用しています。しかし、すぐには定着せず、近藤自身もその後に「身体教育」を用いるなど、一定しません。「体育」が一般化するのは、1878（明治11）年に日本初の体育研究所と言われる「体操伝習所」が文部省によって設立されて以降、この機関が公文書で「体育」を使うようになったためといわれています。

　体操伝習所が作られたのは、日本でどのような体操を行うべきかの選定と、体操教員の養成をするためです。今日ではラジオ体操が普及しているために簡単と感じるかもしれませんが、欧米発祥の体操という概念を知らなかった

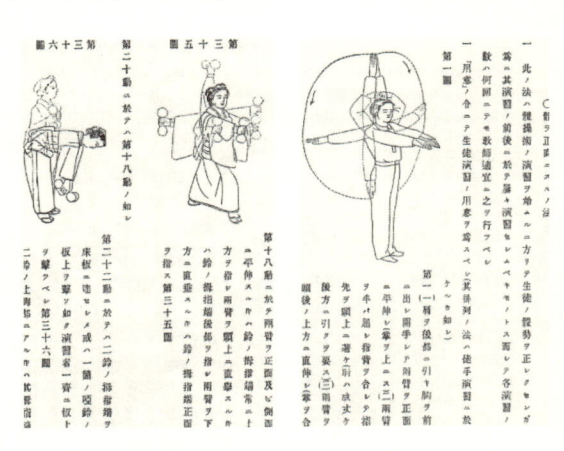

体操伝習所『新撰体操書』（1882 年）

当時の日本人の場合、例えば、首の運動では子供がいやいやするような動きをしてあきれた、という記録が残っています。このため、アメリカのアマースト大学からリーランド（George Adams Leland）を招き、音楽付きで連続して運動を行う「軽体操（light gymnastics）」を日本に普及させます。今日のラジオ体操をイメージすると近いのですが、ラジオ体操自体は日本放送協会（NHK）が 1928（昭和 3）年に開始したラジオ番組なので、動作は全く異なります。さらに跳び箱や鉄棒などによる「重体操（heavy gymnastics）」もありましたが、それをリーランドは一般の学校では必要なく、軍隊で行うべき体操としています。

宿題：1890（明治 23）年の「教育ニ関スル勅語：略して教育勅語」を調べ、その全文を『教育原論：学修用ワークブック』に書き写してください。全文といっても 315 文字の短文です。

第4章
啓蒙主義（英米）から国家主義（独）への移行

宿題に「教育勅語」を出しましたが、短くても難解な文書で、書き写すのに手を焼いたのではないでしょうか。しかし、当時の児童が暗記することを求められていたので、教育の歴史上、教育勅語とは何か、という学修は欠くことのできないトピックの一つといえます。

ここでは、教育勅語が成立していく過程と、アジア・太平洋戦争後には排除された理由について述べていきます。親孝行などが説かれているので、今日の徳育にも活用できると感じた人もいるかもしれません。しかし、歴史を振り返ってみると、安易に活用できない事情が見えてきます。

第1節　啓蒙主義への反動

明治維新以降、欧化政策に基づき、欧米の教育制度を真似た学制が制定されたこと、また、西洋の個人主義や実学主義に基づく啓蒙主義が目指されたことは、前回述べました。

しかし、急進的な西洋化への反動として、儒学者は日本人の道徳観の衰退を憂い、批判します。その一人が元田永孚で、元田は宮内省で明治天皇の補佐・指導をする侍補を務め、儒教を根幹とする国政を主張します。1879（明治12）年には明治天皇による教育政策への意見書として『教学聖旨』が政府に提出されますが、儒教に基づき、仁義忠孝の徳育を第一とするように求める内容となっています。しかし、西洋化を推進する内務卿の伊藤博文が『教育議』で反論し、さらに元田が『教育議附議』で再び反論するなど、対立します。

急激な変化に対応できる場合とできない場合があるのはどの人にもあることで、会議が紛糾したり、極端な場合が戦争だったりします。話が西洋哲学史へ飛びますが、カント哲学を継いだヘーゲル（Georg Wilhelm Friedrich Hegel）は正・

反・合の三段階を経て歴史が発展していくと述べています。ある考え方が提示されることを正（テーゼ）、それに対立する考え方が提示されることを反（アンチテーゼ）、この対立から互いを生かした高い次元へと向かう止揚（アウフヘーベン）が生じ、新たな価値観である合（シンテーゼ）に発展するのです。理性の対立が結局、発展へとつながるという考え方に救われる気もします。しかし、人間の理性が根本的に戦争を肯定しているとすると、愕然とします。

　学制に対する民衆の不満も顕在化します。中央政府による主導の下、日本各地に同一の学校組織を編成すべく各地方に学校の設置を求めたことで、地方の財政的負担が大きくなり、実施が困難な地域もありました。もともと欧米の模倣に過ぎなかったため、地方の実情への配慮が足りなかったのです。そこで、学制を廃止し、1879（明治12）年にアメリカの地方分権的・自由主義的教育政策を参考にした「教育令」を公布します。これまでの中央集権的、画一的性格を改め、教育の権限を大幅に地方にゆだねるなど、地方の自由にまかせるように180度政策を転換します。しかし、民衆は西洋的な教育政策に慣れていないため、学校の設置に理解がなく、その取りやめをする地方も現れます。このように、地方が政府に従わずに混乱したので、翌年の1880（明治13）年に「改正（第二次）教育令」を制定します。ここでは中央集権に戻しますが、儒教に基づく道徳科目である「修身」を筆頭科目とし、仁義忠孝に基づく天皇を中心とした社会秩序を重視させます。この改革に対して例えば、洋学者である福沢諭吉は『徳育如何』で儒教による道徳の再興に反対します。

　以上のように、明治初期において欧化政策を急ぐあまり、それに対する反動が見られるなど、混乱した状況となります。

第2節　国家主義への移行

1）プロイセン型の憲法の制定

　1881（明治14）年には「明治十四年の政変」が起こります。この際に日本で初めて憲法が制定され、後の国のあり方を決定づけることとなります。憲法は、基本的に、権力者が権力を利用して民衆の権利・自由を奪わないという、権力者

による民衆への約束事です。こういった憲法を制定するには、高度な合意の形成が不可欠です。このため、憲法のない場合、欧米人から野蛮な国と誤解されるので、急いで制定する必要があるのです。

　この頃には欧米といっても、いろいろな文化的相違のあることが分かっており、憲法の形式も基本的に二つの種類があり、どちらを選択すべきか話し合われます。一つはイギリス型の協定憲法で、君主と人民の合意に基づく制定、すなわち、権力者と民衆とが同じ立場で横に並ぶ形式を取ります。これを主張したのが大隈重信で、福沢諭吉が後押しをしています。もう一つはプロイセン（今日のドイツ）型の欽定憲法で、君主の単独の意志による制定、すなわち、上に立つ権力者が民衆へ約束する縦の形式を取ります。これを主張したのが伊藤博文と井上毅です。伊藤が後の初代総理大臣になるので、プロイセン型が採用されたことが分かると思います。これに敗れた大隈と福沢は私立大学を経営し、在野の立場から日本を支えることとなります。あと、井上ですが、他の3人と比較するとあまり知られておらず、名前の「毅」を「たけし」と誤読する場合が多いと思います。正しくは「こわし」で、後に文部大臣を務めるのですが、早くに病死したため活躍する期間が短かったのです。しかし、井上はこの後も出てくるので、覚えて欲しい人物です。

2）学問のドイツ化

　憲法がプロイセン型になったことで、学問の世界でもそれまでのイギリス・アメリカから、ドイツ中心へと変わります。例えば、教育学の場合、1887（明治20）年にドイツからハウスクネヒト（Emil Paul Karl Heinrich Hausknecht）が東京帝国大学へ招聘され、ドイツの教育学者であるヘルバルト（Johann Friedrich Herbart）の説が日本に紹介されます。ヘルバルトは教育目的を精神面に限定し、それを「道徳的品性の陶冶」と表現します。あまりなじみがなく、分かりづらい言葉だと思いますが、教育学ではよく使われるので覚えておく必要があります。「品性」は英語の "character" で「性格」、また、「陶冶」は英語の "formation" で「形成」なので、今日風に訳すと「道徳的な性格形成」となりますが、それを唯一の教育目的とするのです。以前に「陶冶主義」という概念と

その反対の概念を説明したので、思い出して欲しいのですが、陶冶主義がヘルバルトで、その反対が自然主義のペスタロッチです。

　したがって、明治初期のイギリスとアメリカにおけるペスタロッチ主義から、明治20年代にはドイツのヘルバルト主義が一般的となるので、その方針も自然主義から陶冶主義へ180度変わります。

　ヘルバルトは教育目的を一つに限定しますが、教育方法を管理・教授・訓練の三つに区分します。この点はペスタロッチが教育目的を知・徳・体の三つに区分したのと異なります。ヘルバルトについては後に詳しく述べるので、この程度に止めます。

3）啓蒙主義の変容

　啓蒙主義から国家主義への移行を考える際、重要な人物として森有礼があげられます。森は初代文部大臣で、初代総理大臣が伊藤博文であることと比べると、あまり知られていないようです。今日の一橋大学の前身である商法講習所の創設者でもあります。

　森は幕末の1865（慶応元）年、薩摩藩よりイギリスへの密航を命じられた一人です。森に課せられた使命は海軍に関する知識と技術の習得ですが、幕府に見

左：現在のロンドン大学
右：大学内の日本人留学生記念碑

付かったら死罪を免れません。イギリス到
着後はロンドン大学で学び、ロシアなどの
視察を経て、アメリカに到達します。この
欧米滞在中には、キリスト教系の新興宗教
であるトマス・レイク・ハリス教団に所属
します。森は造士館（薩摩藩の藩校）にお
ける伝統的旧風を批判しているので、欧米
の科学技術のみならず、精神面のあり方に
も興味を抱いたようです。

　写真は現在のロンドン大学（University
College London：UCL）です。大英博物館
の近くで、世界の大学ランキングでも常に
上位にいます。この建物の中には、伊藤博文

ベンサムのミイラ

など、幕末の日本人留学生を記念した ”Japanese Garden“ という広場があり、そ
の歴史的背景を説明する解説板が設置されています。この広場の近くに、ベンサ
ム（Jeremy Bentham）のミイラが展示されていました。ベンサムは功利主義の
創始者として有名ですが、自身の遺言書の通りに展示されています。先輩からベ
ンサムが展示されていることは知らされていましたが、偶然、見付けることがで
きました。ただし、頭部は学生のいたずらでたびたび移動されるので、レプリカ
を設置し、別室で保存しているそうです。

　明治維新で幕府が消滅して新政府が成立すると、森は日本へ帰国しますが、新
政府側の薩摩藩出身のため、すぐに政府の高官として重用されます。政府内では
そのことを快く思わない人もいたようです。1869（明治2）年に森は、当時の
立法府である「公議所（こうぎしょ）」に士族の帯刀を禁止する「廃刀案」を提出します。古い
封建制を一掃し、啓蒙主義に基づく新しい国づくりを目指す案でしたが、批判が
大きくて否決されます。さらに、批判が収まらず、暗殺の噂もあったことから、
政府を去って故郷の薩摩に帰らざるをえませんでした。1876（明治9）年には「廃
刀令」が出されることから、時代を先取りした案だったのです。

　1870（明治3）年には政府に呼び戻され、日本初の外交官としてアメリカに

派遣されます。森の存在を生かすには日本国内では難しく、海外での赴任が決定されたようです。しかし、日本に啓蒙主義を広げるため、森としては、外務省の外交官よりも文部省の行政官を希望していたようです。このため、外交官の職務をこなしながらアメリカ人教師を日本へ招聘したり、日本の教育をどのように変革していくべきか、アメリカの著名人へ問い合わせをしたりしています。1873（明治6）年には "Education in Japan" という著書を発行し、森自身の考えをまとめています。この中で森は、日本語が「不要（disuse）」であり、日本の通用語を英語にすべきことを述べています。この点を含め、著書では全体を通じ、日本を欧米と対等に渡り合える国にしたい、という熱意が感じられます。

　著書の発行後に森は日本へ帰国し、福沢諭吉などと共に日本の啓蒙を目指して「明六社」を結成します。明治6年に結成されたのでその名前になりますが、欧米のように公衆の前で「スピーチ」を行って自由な意見交換をする場を設け、その内容を機関誌の『明六雑誌』に掲載します。それらの中で森の「妻妾論」は当時としては斬新な主張となり、世間の注目を集めます。「妾」とは「正妻のほかに、妻のような関係をもち扶養する女性」の意味で、本来は跡継ぎを絶やさないためのシステムなのですが、妻の存在を軽視するような制度ともいえます。今日の場合、妾の意味が分かりづらいと思いますが、愛人を隠すことなく、妻の他に養って良い制度を政府が容認していたと考えると、時代の違いを感じます。そこで、森は女性の啓蒙を図るため、妾制度を廃止することと、日本初の男女平等と夫婦対等の必要性を述べたのです。このように明六社において、当時の日本としては奇怪な意見を発するため、名前の「有礼」が「ゆうれい」とも読めることから「明け六つの幽霊」と呼ばれたりします。

　1879（明治12）年には「教育論　身体ノ能力」を発表します。

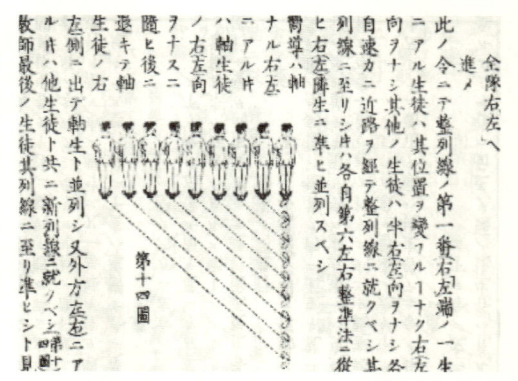

飯塚勘蔵『小学隊列運動法』（1886 年）
全体右「左」へ進め

この「身体ノ能力」という言葉には当時の身体教育を意味する「体育」とは異なる概念が認められます。例えば、森は日本の学校においてスイスなどの軍隊教育で行われている「兵式」の体操を採用すべきことを述べます。この体操は軍隊で最初に行われる基本訓練で、隊列行進と考えれば分かり易いと思います。「前ならえ。休め。右向け右。全体進め。全体止まれ」などの指示の下、一糸乱れず、効率的で速やかに部隊を移動させる訓練です。しかし、森は、軍事訓練としてではなく、あくまで道徳教育の一環として行うべきと述べています。この理由は、三育説の知・徳・体に「知仁勇」の「三徳」をも加えるべきで、特に「体」において精神面の「勇気」の育成が重要であると主張しているので、欧米と対等に渡り合うためには軍人的な気質が不可欠と考えたためです。欧米各国から日本を守るには教育によって国民の気質を変えていく必要があったのです。すなわち、森は、これまでの「体育」に加え、新たに兵式による体操という「身体ノ能力」に関わる手段を用い、勇気という徳性を形成する必要があると述べているのです。このため、「身体ノ能力」には、<u>運動</u>（兵式体操）を手段とした<u>教育</u>（以下、<u>運動教育</u>と略します）という新しい概念が認められます。

　このように、「体育」でも「身体ノ能力」でも、両者において運動の必要性が述べられている点で共通します。このため、両者の概念の相違が分かりづらいかもしれません。しかし、身体教育を意味する「体育」の場合、最初に身体を健康にするという目的があり、次にその目的に合致する手段を選択するので、目的論的概念に属します。運動教育を意味する「身体ノ能力」の場合、最初に兵式による体操という手段があり、次にその手段を用いて目的の達成を目指すので、方法論的概念に属します。このように、「体育」と「身体ノ能力」とは構造上、異なる概念となります。この森によって提示された運動教育という新しい概念は、その後の「体育」に影響を及ぼしていきます。

　「身体ノ能力」を述べた後、1879-84（明治 12-17）年にかけて森は、英国特命全権公使としてイギリスへ派遣されます。この際、各国で教育視察をし、さらにパリに来ていた伊藤博文と面会し、内閣が立ち上がった際の文部大臣の確約を得て、1885（明治 18）年には第一次伊藤内閣の初代文部大臣に就任します。キリスト教徒である森の就任には宮内省の元田が強く反対し、その後も確執は続く

こととなります。

　1886（明治19）年に森はそれまでの教育令を廃止し、各段階の学校別に「小学校令」、「中学校令」、「師範学校令」、「帝国大学令」を制定して教育改革を断行します。帝国大学の場合、最初は東京だけでしたが、1897（明治30）年には京都、1907（明治40）年には東北、その後に九州、北海道、京城、台北、大阪、名古屋と、アジア・太平洋戦争が終結するまでに9つが順番に設置されます。

　さらに、「御真影」、すなわち天皇の肖像画が各学校に配付されます。国家への帰属意識の形成と、天皇の存在を意識化する狙いがあったのです。ただし、文部省が全ての学校に送付したのではなく、各学校からの要請があった場合のみ、送付するように限っています。上からの押しつけではなく、下からの自発的な願い出という形式にこだわっていることがうかがわれます。

　そして、「兵式体操」が採用され、それを「体育」と称するようになります。このため、「体育」は身体教育のみならず、運動教育の意味でも使用されます。特に国民としての規律や秩序をわきまえるという精神面の育成が目指されており、従順（obedience）・友情（friendship）・威儀（dignity）という三気質を森は掲げます。この点は同時期にスイスで普及していたシュピース（Adolf Spiess）体操の影響が考えられます。当時、その体操の後継者であるマウル（Alfred Maul）は「従順・奉仕・従属的規律と秩序」という精神面の育成を述べています。森が「身体ノ能力」においてスイスに言及していたことを考えると、この類似は見逃せません。しかし、「身体ノ能力」では各個人の気質を対象としていましたが、国民としての規律や秩序に視点が変わっています。また、個人の能力ではなく、同一学年での集団行動を重視しています。啓蒙主義における個人の自由や人権よりも、国家に絶対的な優位性を認める国家主義へ移行していた時期だけに、森の変容と感じられます。

　しかし、兵式体操において森は、上下関係が絶対ではなく、司令官と兵卒の役割を上下の学年で交互に担当させています。キリスト教では人々が神のもとに平等であると考えられているため、上下関係を重視する儒教から脱することが目指されているのです。また、スイスにおけるシュピース体操は、個人の信仰及び良心の自由を侵さずに、規律訓練による国民の統合を目指して行われています。こ

れを日本でも実現させることが目指されているのです。日本が海外からの侵略に備えるには、江戸時代の藩意識を脱し、日本の国民という一致団結した意識が必要であると、森は常々述べています。森が信奉するキリスト教では国民という意識を形成するのは困難なため、シュピース体操が必要だったのです。ただし、シュピース体操の場合、教育と軍事の両方を目的に行われますが、あくまでも森は教育目的として行い、軍事利用を否定します。キリスト教徒であった森は、国家主義化する日本において、個人の自由や人権を守ろうとしていることが分かります。この兵式体操の「従順・友情・威儀」という欧米流の三気質に対して、宮内省の元田は注文を付けます。この結果、儒教に基づく「順良・信愛・威重」という言葉に変更されます。森としてはその変更を残念に感じたと思いますが、文部大臣として兵式体操を推進する立場にあるので、言葉の違いにこだわらず、自らの根底にある精神を具体化していけば良いと考えていたはずです。1889（明治22）年2月11日には大日本帝国憲法（明治憲法）が公布されます。この2月11日は神話の登場人物である初代天皇（神武天皇）の即位日であり、今日、祝日の建国記念日となっています。この天皇主権の政治体制が始まる式典の直前、早朝に森は西野文太郎という青年に刺殺され、43歳で亡くなります。犯人は捕まった際に殺されるのですが、胸に声明文があり、伊勢神宮を訪れた際に社殿の御簾（高貴なのれん）をステッキで払ったり、土足で歩いたりした不敬を呪っての犯行と書かれていました。不敬についてはうわさに過ぎないのですが、皆さんはそのことが殺害の肯定につながることに戸惑いを感じたと思います。こういった事実のあることから、日本において自由と規律の両立を求める教育が必要だったことが分かります。自由だけを尊重すると、人を殺すのも自由となります。このため、規律が不可欠となるのです。

　暗殺の影響を受けることなく、式典は執り行われます。その後の歴史を知る私たちにとって、アジア・太平洋戦争の敗戦まで続く大日本帝国憲法は、血に塗られていく門出だったといえます。森によって導入された兵式体操は、その主導者を失ったため、軍事利用されることとなります。

第3節　国家主義の成立

1）教育に関する勅語の発布

　1890（明治23）年10月30日には「教育に関する勅語（教育勅語）」が公表されます。明治天皇が教育の基本方針として下したお言葉で、井上毅が宮内省の元田永孚の協力の下に起案しています。全体で315文字の短い文書で、法律ではないのですが、当時としては法律以上に影響力があります。個人の自由や人権を守ろうとした森有礼が不在となったため、啓蒙主義が終わりを告げ、国家主義が成立するのです。この教育勅語は児童・生徒に暗誦させ、学校儀式で校長が奉読するなど、教育活動に深く関わります。大正生まれの私の父が年老いてなお、そらんじる姿を見て、当時における教育勅語の絶対性が感じられたのを覚えています。

　教育勅語の書かれた用紙は神聖さを帯びるため、大切に保管されます。例えば、二階建ての校舎の場合、一階に保管することは許されません。二階を歩いた際に教育勅語の上を踏みつけることになり、不敬と見なされるからです。このため、二階に保管し、さらに盗まれては困るので、教員による泊まり込みの日直当番が行われるようになります。木造の校舎が一般的なので火事が多く、二階まで取りに行かねばならないなどで、殉職する教員が複数出ます。そこで考案されたのが「奉安殿」です。御真影と教育勅語とを保管する小さな神社のような建物で、火事になっても延焼しないよう、校内ですが校舎から離れた場所に設置されます。また、火が付かないようにコンクリートで作られたりします。奉安殿はアジア・太平洋戦争後に取り壊されたりしますが、立派に作られているので神社に移築されるなど、現在も活用されている場合があります。

2）教育勅語の構成

　基本的には序文、中文、結文の3つに分かれています。

①序文　日本における道徳は歴代の天皇が樹立してきたものであること、また、その道徳に基づく国体（国のあり方）を教育の根本として維持していくこと、を宣言しています。今日、「国体」というと、毎年、各県が持ち回りで開催

していた国民体育大会（National Sports Festival）をイメージしますが、神である皇室を中心とした国の体制を意味します。これにより、各個人でそれぞれに考えられていた教育観が一つのものに集約されます。

朕惟フニ我カ皇祖皇宗國ヲ肇ムルコト宏遠ニ徳ヲ樹ツルコト深厚ナリ我カ臣民克ク忠ニ克ク孝ニ億兆心ヲ一ニシテ世世厥ノ美ヲ濟セルハ此レ我カ國體ノ精華ニシテ教育ノ淵源亦實ニ此ニ存ス

　②**中文**　孝行から始まる 16 徳目です。

爾臣民父母ニ孝ニ兄弟ニ友ニ夫婦相和シ朋友相信シ恭儉己レヲ持シ博愛衆ニ及ホシ學ヲ修メ業ヲ習ヒ以テ智能ヲ啓發シ徳器ヲ成就シ進テ公益ヲ廣メ世務ヲ開キ常ニ國憲ヲ重シ國法ニ遵ヒ一旦緩急アレハ義勇公ニ奉シ以テ天壤無窮ノ皇運ヲ扶翼スヘシ是ノ如キハ獨リ朕カ忠良ノ臣民タルノミナラス又以テ爾祖先ノ遺風ヲ顯彰スルニ足ラン

　③**結文**　条文の普遍妥当性について強調されています。

斯ノ道ハ實ニ我カ皇祖皇宗ノ遺訓ニシテ子孫臣民ノ倶ニ遵守スヘキ所之ヲ古今ニ通シテ謬ラス之ヲ中外ニ施シテ悖ラス朕爾臣民ト倶ニ拳々服膺シテ咸其徳ヲ一ニセンコトヲ庶幾フ

第4節　戦後における教育勅語の失効・排除

　教育勅語は、敗戦後の 1948（昭和 23）年に国会両院で失効が確認され、排除されます。天皇が「神」から「国の象徴」という位置づけに変わったため、条文の根拠をなくしたのです。

　また、平和主義に反する徳目があります。中文にある「一旦緩急アレハ義勇公ニ奉シ」がそれです。この徳目は、国に非常事態が生じた際、正義に基づき、勇気をふるって国に尽くすべきことを述べています。妥当な言葉に思えるかもしれませんが、それが全ての国民に命を投げ捨てての戦闘を強要することへ導くのです。神のために命を投げ捨てれば、死後は救われるという論理です。このため、満洲から民間人よりも軍人が先に避難したという事実があるように、神は守るけれど、民間人が犠牲になるのは致し方ない、という国民の生命がないがしろにさ

れる事態となります。

　近年にも、殺害することで殺された人の魂が救われる、と考える宗教団体が問題となっています。宗教における世界の愛と平和のためという理念は、否定しづらいものがあります。そのために活動している人々に対し、間違っているといっても理解してもらうのは難しいのです。実際には理念は立派でも、その理念を盾にして行っている方法論が利己的な場合、問題なのです。

　自分の正義を疑うには客観的視点が不可欠です。私が卒業論文を書いた際、指導教官で社会教育が専門の碓井正久先生から「研究とは客観的な批判だ」と叱られ、「客観て何？」と考え続けたのを覚えています。とても有り難い言葉で、今でも心がけようと努力しています。

　教育勅語は日本だけでなく、他国へも影響を与えています。アジアにおける日本の民族的優位性を示す根拠として、自国の神話に基づく教育勅語が使用されているのです。このため、他国の人々にはその優位性を理解することが困難となります。しかし、日本は異民族支配を肯定することで植民地（台湾・朝鮮）を作り、満洲（中国北東部）の支配に及びます。

　ところで、失効・排除された今日でも教育勅語の必要性が述べられる場合があります。例えば、2018（平成30）年10月2日に就任直後の柴山昌彦、文部科学省大臣が「使える分野は十分にある」と述べています。中文で16徳目が掲げられていますが、例えば、最初にある「父母ニ孝」を否定することは難しいと思います。しかし、親孝行の大切さを取り上げる場合、教育勅語を利用しなくても可能です。今後も教育勅語への言及があった際、今回の話を思い出してください。

宿題:「千と千尋の神隠し」（ジブリ作品）の「カオナシ」について調べてください。

第5章
西洋と東洋における身体観の相違

　宿題では「カオナシ」について調べてもらいましたが、色々な解釈のできることが分かったのではないでしょうか。日本には「八百万」の神という言葉がありますが、神の数が 800 万に限定される、という意味ではありません。自然の全てに神が宿っており、四方八方の至る処に存在していることを意味しています。しかも、自然は私たちに恵みを与えてくれる存在でもあり、地震や津波など、災いをもたらす存在でもあります。その八百万の神々が「油屋」という名のお風呂屋さんに集まってくるのです。

　しかし、「カオナシ」は、それらの神々とは一線を画す、異質な存在として描かれているように感じます。私が「カオナシ」を持ち出したのは、日本の思想史を考えてほしいだけでなく、西洋の思想史を理解する上でも役立つのでは、と考えたためです。この点は原作者の意図からはそれてしまうはずですが、後で触れたいと思います。とにかく、色々な観点から映画を楽しんでほしいと願っています。

　それでは、西洋と東洋との心身観について比較し、両者の相違点を述べていきます。

第1節　西洋の心身観

　以前、東洋思想では精神と身体とを区別する発想が薄く、「体育」という言葉が形成される思想的土台が存在しなかったことを確認しました。そこで、ここでは西洋思想においてなぜ、"physical education" という概念が形成されたのかを見ていきます。

1）一元論

　西洋において最初に取り上げたいのが一元論です。「元」は哲学でよく用いられる言葉で、「もととなるもの」や「根本」を意味します。すなわち、「一元論」とはもととなるものが一つしかない、と考える理論です。通常、私たちは精神と身体の両方が存在すると考えるのが一般的だと思います。しかし、一元論の場合、精神もしくは身体のどちらか一方しか存在しないと考えます。このため、一元論の世界では以下のように「唯心論」と「唯物論」との2つの概念が対立します。

① 唯心論

　精神だけが真の存在という立場です。すなわち物質は精神活動の表れに過ぎないと考えます。確かに目の前に何かが存在する、と精神が考えることで周りにはパソコンや机などが存在すると分かります。つまり、唯心論の場合、精神が考えないと、物質は存在しないことになります。このため、道の真ん中で迫り来るバスに気付いたとしても、慌てる必要はありません。バスの存在を精神から消せるので大丈夫なのです。

　しかし、実際には精神面からバスの存在が消えたとしても、バス自体が迫ってくるのは変わりません。また、収入を増やしたいと考えた場合、0を書き加えても虚しくなるだけです。

　このように、唯心論で考える場合、物質の存在が無視されてしまうのです。

② 唯物論

　物質だけが真の存在という立場です。すなわち精神活動は物質の変化に過ぎないと考えます。確かに何を考えると脳波が計測されます。このように、神経伝達物質の存在が確認できるので、物質が存在しないと、精神的な現象は起こりえないことが分かります。実際、陽気な人の内蔵を移植されたことで、内気な人の性格が変化したなどの報告があります。

　しかし、目の前に存在する物質が本当なのか、もしかしたら夢を見ているのではないか、とも考えられます。つまり、物質が存在しないとしても、今考えている自分は否定できないのです。例えば、虫が光に集まってくるように、異性への関心は、外見による刺激への反応にすぎないとしたら、うっかり異性に会うと大変なことになります。実際、私たちはいくら大金を目の前に積まれたとしても、

お金の動きに支配されることなく、悪いことはしないと考えることができます。

　このように、唯物論で考える場合、精神の存在が無視されてしまうのです。

　以上から、理論上では一元的に説明できたとしても、実際上では精神と物質のどちらか一方には限られないことが理解されたと思います。

2）心身二元論

　次に取り上げたいのが心身二元論です。この場合、精神と身体の二つが存在すると考えるので、一元論よりも妥当な説と感じられると思います。ここでは代表者であるプラトン（Platōn）とデカルト（René Descartes）を取り上げ、心身二元論を見ていきます。

①古代ギリシャ、プラトン

　人間を魂（見えないもの）と肉体（見えるもの）の二元で考えます。異なる二つの性質を明確に分けているのです。先ほどの一元論もこの厳格な区分に基づいて対立し合っています。プラトンの場合、霊肉二元論と称されますが、この考え方が後の西洋思想の基礎となっていきます。そして、キリスト教の成立にも影響します。西洋思想を批判したい場合、プラトンを取り上げれば良いといわれるのはこのためです。

　著作の一つである『パイドン』では肉体が「魂の牢獄」と述べられています。肉体は滅び、はかなく（時間が限られていること）、不純な存在とされており、また、聴覚、視覚、苦痛、快楽などで魂を惑わす存在と考えられているためです。「身体」ではなく「肉体」が用いられているのも、欲望と結び付けるのに都合の良い言葉だからです。その逆で「魂」は不滅で、永遠で、純粋な存在とされています。「プラトニック・ラブ」はプラトンを由来とする言葉で、肉欲を伴わない純粋な恋を意味します。

　この肉体と魂との対比は、私にとって映画「千と千尋の神隠し」（ジブリ作品）を思い起こさせます。強欲で暴力を振るいますが、嘔吐するとおとなしくて主人公に従順となる「カオナシ」と、神々の世界で受ける難事にもかかわらず、懸命に生きる純粋な主人公の「千尋」とです。世界的な評価を受けている映画ですが、プラトンを思い浮かべながら見ると、違った楽しみ方が出来ると思います。

②フランス、デカルト

　心身二元論の大成者として知られています。『方法序説』（1637 年）では、目の前にある物質は存在しないかもしれないが、今考えている自分を否定することはできないので、「我思う、故に我あり」と述べています。したがって、物質よりも精神に重きを置く考え方で、精神が主体（命令する側）、身体が客体（命令される側）のように精神と身体には上下関係があると述べています。そして、身体は石や木鉄、ボールやバットのように無機物と同様で、「精神の道具」と見なされています。ここから、デカルトは動物を機械に見立てる動物機械論、さらに人間の身体も機械に見立てる身体機械論を唱えています。さらに、ラ・メトリー（Julien Offray de La Mettrie）は人間自体を機械と唱える『人間機械論』（1747 年）を出版しています。このように、人間を精神（見えないもの）と身体（見えるもの）の二元に区別したことは合理的であり、精神面では心理学、身体面では生理学（医学）と分かれて発展していくので、専門性が深まります。

　精神と身体とを明確に区別していますが、デカルトは「心身合一」についても述べています。今日でいう「心身相関」をイメージすると分かり易いのですが、「心と体がお互いに関係する」という意味で、精神の状態が身体に、また、身体の状態が精神に影響することをいいます。精神の状態が身体に影響する例としては、運動会でスタート前に精神的に緊張すると、途端に身体の脈拍が増加したり、発汗したり、口が渇いたり、腹が痛くなったりしたことはないでしょうか。ここから、喜びなどの幸福感が病気の治療効果を上げると唱える人もいます。逆に身体の状態が精神に影響する例としては、腹痛や空腹の時、心が憂鬱になったり、不機嫌になったり、また、運動したら、心が爽快になったり、ストレスが解消されたりしたことはないでしょうか。この心身合一についてデカルトはエリーザベト王女から、精神（見えないもの）と身体（見えるもの）とは性質が異なるが、それらはどこでつながっているのか、と質問されます。水と油のように性質の違うものはつながりようがないからです。そこで、哲学のみならず、解剖学・生理学の研究もしていたデカルトは、脳の中にある突起の松果腺（しょうかせん）に目を付けます。これまで何の役に立つのか分からなかったのですが、デカルトは王女に松果腺の一点をもって両者はつながっていますと返答します。当時としてはさすがデカルトさんと賞

賛されたことでしょう。しかし、現代の科学からするとあり得ない回答です。

　ところで、今日の科学を100年後の科学者が見たらどのように感じるでしょうか。健康に良いと考えられていたことが、100年後には否定され、当時はなんて不健康なことをしていたのかと笑われるかもしれません。そのような限界がデカルトの時代にもあったのです。実際、私が大学生だった頃、運動すると筋肉にたまる「乳酸」は「疲労物質」で悪玉と教わりました。しかし、大学院の授業において、最近、欧米の科学雑誌で乳酸は疲労を軽減する善玉物質と報告されたと知り、これまでとは180度違う考え方で印象深く感じました。自分の意志とは関係なく、身体自身が有機的に補修していることには、身体側の意志を感じさせます。その当時、乳酸の善玉説は一般的ではありませんでしたが、今日では常識に変わってきています。

　デカルトに対しては、さらに身体にも主体性が存在しないのか、と問いかけたいと感じます。身体機械論で身体には主体性がなく、星の運動と同様に自然現象に過ぎないという点に疑問を感じるからです。二元論なので、二つの相違を明確にする必要があり、魂と機械という対比がなされてしまうのだと思います。しかし、『モナドロジー』（1714年）でライプニッツ（Gottfried Wilhelm Leibniz）は身体を無機的な機械ではなく、魂を持つ有機的な生命体と述べています。したがって、精神面と同様、成長・発達や衰退・減退したり、いろいろな指令が発せられたりします。例えば、腹が減った際、胃が空なので、精神に食事するように身体から命令が行きます。また、膀胱に尿が溜まった際、放出するように身体から指示されます。風邪を引いた場合、次の日のテスト勉強をしたくても眠くなります。これは、身体が精神に対して無理をしないよう、指令しているといえます。しかし、無銭飲食したり、立ち小便したりなど、これらの指示は身体からではありません。悪いことを選択したのは精神で、身体はただ満たすことや放出することを指示しているだけです。この点は身体を悪の根源と見なすプラトンにも疑問を投げかけたくなります。

　以上から、西洋における二元論は、性質の異なる精神と身体とを区別するので、心理学と生理学とが分かれるなど、合理的な科学の発展が認められます。しかし、両者がどこでつながっているのか、という疑問が常につきまとうのです。

3）心身一元論

　心身二元論の疑問に対し、精神と身体とは一つの存在とすることで解決したのが心身一元論です。ここではその代表者であるフランスの現象学者、メルロ・ポンティ（Maurice Merleau-Ponty）を取り上げます。

　メルロ・ポンティは「私とは私の●●である」という言葉で有名ですが、「●●」にはこれまでの発想では思いつかない二語が入ります。「我思う、故に我あり」といったデカルトなら「精神」と入れるはずです。しかし、それとは逆で「身体」を入れているのです。「私とは私の身体である」は、物質しか存在を認めない唯物論と感じられますが、それとは異なります。メルロ・ポンティは「幻影肢」という概念を紹介していますが、例えば、戦争で手足を失った軍人に起こる現象です。実際に手足があれば治療できるのですが、ないはずの手足が痛むのだそうです。こういった現象を「現象的身体」と称するのです。失っていても「脳が覚えている身体」といえば分かり易いと思います。この「身体」は、目に見えず、痛みを伝えるように主体的なので、デカルトのいう「精神」と同じ性質といえます。したがって、現象的身体と精神とは同質なのでつながることが可能であり、心身二元論を克服したと考えられるのです。

　この現象的身体を説明する際、「焼き場に立つ少年」という写真が役に立ちます。終戦後、アメリカの軍人であるジョー・オダネル（Joe O'Donnell、Joseph Roger O'Donnell）が長崎への原爆投下後の記録を撮影していた際、不思議な少年に出会います。死者を火葬する場が公園に設置されており、そこで少年は順番を待っています。背負っている死んだ弟を火葬するにもかかわらず、気落ちすることなく、少年は気をつけの姿勢で待っています。この光景はアメリカ人には不思議に感じられたのかもしれません。しかし、当時の日本人には当たり前のことでした。なぜなら、当時の学校では男性の場合、兵士と同じ身振りや作法を求められていたからです。この兵士としての身振りや作法を学んだことで、少年の中に現象的身体が形成されているのです。人を殺すことを拒否する宗教関係者も例外ではなく、戦争に参加するよう、男性全員に求められたことを考えると、日本の敗戦による辛い思いを経験したとはいえ、軍国主義が排除されたことを安堵せずにはいられません。

　このような現象的身体で二元論が克服されたはずですが、メルロ・ポンティはさらに「人間は、身体そのものであると同時にその身体を他人であるかのように眺めうる」ともいっています。目に見えないと同時に、目に見える身体という二つの身体を示唆しているのです。結局、脳が覚えている現象的身体（見えないもの）と血液が流れている客観的身体（見えるもの）とはどこでつながっているのか、説明できません。この点では二元論のままで、克服できていないのです。

　また、「心身一元論」という表現は「一元論」とあるので、唯物論なのか、唯心論なのか区別が付きません。ただ

焼き場に立つ少年

し、この指摘は言葉上の問題に過ぎず、揚げ足を取っているに過ぎません。しかし、実際の例から、必ずしも心身が同一とは限らないといえます

①金縛り

　私の場合、中学生の頃、部活で疲れた夜中によく起こった現象です。寝ている際、突然に目が覚めるのですが、体が動かないのです。心身が同一の場合、精神が動けと命令したら必ず身体が動くはずです。

②反射

　精神とは関係なく身体が動く現象で、膝蓋腱反射（しつがいけんはんしゃ）が有名です。脚気（かっけ）という病気は今日、耳にすることがないと思います。日本で栄養状態の良くない時代、ビタミンB1が不足して神経の伝達が悪くなり、最悪の場合には心臓が止まって死亡します。この神経の状態を確認する際、座った状態で膝の直下にある膝蓋腱をたたくと、大腿四頭筋（ももの前面の筋肉）が収縮して反射的に下腿（膝から下の脚）が前方へ伸展する現象が起こり、無事なことが分かります。心身が同一の場合、精神が命令していないのに動くはずはありません。

③性別不合

　精神の性と身体の性とが一致しない現象をいいます。以前には「性同一性障がい」と称されたため、精神疾患の一種と考えられていました。しかし、近年は世界保健機関（WHO）が「性別不合」と称して精神疾患ではない位置づけとなっています。心身が同一の場合、心の性と身体の性が必ず一致するはずですが、一致しない例があるのです。

　以上のように、西洋思想を見ると、精神（見えないもの）と身体（見えるもの）とが明確に区別されています。このため、精神面と身体面とを分けて教育するという発想が生まれます。ここから "physical education" という概念が形成されて行くのです。しかし、精神と身体とがどこでつながっているのかという疑問が克服できていないのです。

　ところで、実際の人間は「両義的存在」といえます。両義的とは「相反する事柄を二つ持ち合わせている状態」を意味します。このため、哲学上で説明しづらいことがある場合、とても重宝する言葉でもあります。しかし、西洋的に心身問題を考える場合、両義的存在という解決が妥当と思われます。例えば、神経には二つの系統があり、「体性神経」と「自律神経」があります。前者は例えば、筋肉を動かす際の神経で、精神が身体に命令すると、その通りに動きます。このため、精神と身体とはつながっているといえます。後者は例えば、心臓を動かす際の神経で、精神が命令しても心臓の動きを止めることはできません。このため、精神と身体とはつながっていないといえます。

第2節　東洋の心身観

　ここでは、西洋の心身観と比較するため、東洋について見ていきます。東洋思想の場合、仏教と儒教と道教を取り上げるのが一般的です。

1）仏教

　前に中世の禅僧の栄西を取り上げたところで説明しました。そして、「空即是色　色即是空」という言葉で代表される「空」や「無」の概念を確認しました。

結局、仏教では見えるものと見えないものとを区別することなく、同じものと考えます。実際、人間は普段、精神と身体とが一つのものとして生活しているので、日常生活に即した考え方といえます。心と体が一致していないと感じる場合、修行が足りないのです。仏教にもいろいろな宗派がありますが、その始祖が神ではなく、ガウタマ・シッダールタという生身の人間なので、日常性が重視されていると感じます。このため、東洋の身心一如と、西洋の心身一元とは言葉が似ていますが、両者は精神と身体とを区別していないか、区別しているか、という点で180度異なる概念となります。

　仏教を理解する上で良い教材と感じるのが『蜘蛛の糸』（芥川龍之介）です。短い小説ですが、結末が衝撃的です。慈悲深さと利他（他者側の救済）の大切さと共に、自己の修行を迫って来るので、成人になってから読むべき小説と感じます。始祖が神である宗教の場合、奇跡によって弱者を救済しますが、始祖が生身の人間の場合、救済を弱者自身の修行に求めている点で厳しさを感じます。また、因果応報というように、前世（もしくは現世）での行為が現世（もしくは来世）の幸・不幸につながるという点も、「全ての行いが自分に返ってくる」と考えると、日常の生活が修行といえます。

2）儒教

　始祖は孔子です。儒教では「身」という言葉が用いられます。「身体」のことと思うかもしれませんが、身体のみならず、行為の主体である己自身をも意味します。このように儒教でも精神と身体とは一つのものとして考えられています。

　前に明治初期に制定された学制を述べた際、教科目の一つに「修身」があり、それは儒教の教えを中心とし、また、アジア・太平洋戦争の終結後、排除される教科目の一つと説明したことを覚えていると思います。「身を修める」と書くので、健康法に関する教科と感じるかもしれません。しかし、「今日の道徳」というと分かり易いと思いますが、己自身の欠点を見直し、足りないところを補い、人格や行いを立派にするための教科です。例えば、よく取り上げられる徳目として「孝行」があります。孔子と曽子の問答が書かれた『孝経』では「身体髪膚、受之父母。不敢毀傷、孝之始也。（しんたいはっぷ、これをふぼにうく。あえてきしょうせ

ざるは、こうのはじまりなり。）」とあります。この意味は、身体を大切にすることだけを述べているのではなく、「自分の身体は親から授かったものです。粗末に扱わないこと、それが親孝行の始まりです。」のように、心身両面が扱われています。

3）道教

　始祖は老子と荘子です。人間が道教的な修行を積むことで、仙人になることを目指します。「陰陽」「五行」「易」「干支」など独特の世界観に基づきますが、日本では干支で運勢を占うなど、日常生活に溶け込んでいます。「風水」もその一つで、「色が運気につながるので、～色の財布が良い」など、聞いたことがあると思います。仙人とは山に住み、不老不死の術を修め、神通力を得た者で、霞を食べて生きるなど、神秘的な存在です。特に不老不死を目指す健康法が述べられていますが、江戸時代の『養生訓』（貝原益軒）に影響を与えています。その中で健康に良い運動として「導引」があげられています。食後に「腹がいっぱいだー」とお腹をさすったことはないでしょうか。この腹をさすることで消化を促すのが導引の一例です。さらに、身体面を取り上げるだけでなく、「養生の術は先心気を養うべし」のように、精神面も取り上げます。「病は気から」という言葉を聞いたことがあると思います。英語でも "Care will kill a cat（心配事は猫でも殺す）" ということわざがあるそうです。

　道教で有名な説話として、荘子の「胡蝶の夢」があります。蝶として飛んでいた所、目が覚めたが、はたして自分は蝶になった夢をみていたのか、それとも夢でみた蝶が本来の自分なのか、という説話です。したがって、夢と現実との間に絶対的な区別はなく、この世は全て一体である、ということが示唆されています。相違するものを区別することなく、一つのものと考える東洋思想の特徴が現れています。

　この道教の思想について茶道を通して欧米に紹介した本が "The Book of Tea"（岡倉覚三、1906 年）です。岡倉天心というペンネームの方が有名ですが、明治初期の欧化政策の際、廃れかけた日本美術の保護に邁進し、1890（明治 23）年には東京美術学校長（今日の東京藝術大学美術学部）に就任し、伝統を重視す

る美術教育の基礎を定めたことで有名です。本書の翻訳が『茶の本』という題で岩波文庫にあります。この翻訳書の中で岡倉は西洋を痛烈に批判しています。要約すると、西洋人は西洋化する前の平和な日本を野蛮国と見なしたが、大陸を侵略し、大々的殺戮を行うようになってから文明国と評価するようになっている。この岡倉の指摘は、西洋化を急ぐあまり、西洋を真似て植民地を築くなど、行きすぎた模倣に走る日本人への警告となっています。

　以上のように、仏教・儒教・道教を概観しましたが、東洋思想では心身を明確に区別するという概念が薄く、心身両面を一つのものとして取り上げるのが一般的です。

第3節　西洋と東洋との相違

　西洋と東洋とを比較する場合、病気など身体面に関わる医学を取り上げると、その相違が分かり易いと思います。西洋の場合、医薬品を用いて菌やウイルスを直接攻撃したり、手術で悪い部分を切り取ったりするなど、外面からの関わりをより重視します。東洋では、漢方薬で自身の身体を強くして病気に対抗したり、お札で精神の強化をしたりするなど、内面からの関わりを重視します。この相違は、西洋の心身二元と東洋の身心一如の影響が認められます。具体的には、心理学と生理学（医学・解剖学）とが分かれて発達する西洋と、心身を一つのものと理解して区別しない東洋とでは、病気への対処法にも違いが現れるのです。

　したがって、西洋の場合、性質の異なる精神と身体とを分けるよう、合理的に考えるのですが、日常的に心身が一つのものとして生活しているという経験とは一致しません。逆に東洋の場合、性質の異なる両者を区別しないのは非合理的ですが、日常生活の経験とは一致するのです。この相違から、西洋の心身二元論によって心理学と生理学（医学）が分岐し、教育理論においても精神（知・徳）と身体（体）が分岐して考えられ、身体面だけを教育するという "physical education" という概念が形成されるのです。この概念が明治初期の日本に伝わり、その概念を翻訳する過程で「体育」という、これまでにない言葉が造語されます。そして、現在、漢字文化圏である中国や韓国でも「体育」が使用されるようにな

るのです。

　ここで、この本の表紙と裏表紙の絵画について紹介します。表紙はバチカン市国の「ラファエロの間」にある「アテネの学堂」という絵画です。中央に並んだ二人の内、左側で天空を指さしているのが心身二元論で紹介したプラトン、右側で地面を指さしているのが弟子のアリストテレスです。裏表紙は京都の建仁寺に由来する俵屋宗達の「風神雷神図屏風」です。建仁寺を建立したのが身心一如で紹介した栄西です。両方の絵画を比較し、西洋の心身二元、東洋の身心一如、について解説できるか、是非、挑戦してください。

　宿題：古代ギリシャの哲学者であるソクラテスの著書を調べてください。

第6章
古代ギリシャ・ローマ、中世、ルネサンスの教育思想

　宿題ではソクラテスの著書を調べるよう、お願いしました。しかし、ソクラテス自身が残した著書は見付けられなかったと思います。意地悪な質問で申し訳なかったのですが、ソクラテスには著書がなく、その存在は他の哲学者の著書から確認できるだけです。今回、ソクラテスを紹介しますが、その内容は弟子のプラトンの著作に出てくる事例です。このため、ソクラテスといっても、プラトンの理想における教師観といえます。

　ここでは、古代ギリシャからルネサンスまで、足早ではありますが、著名な哲学者を取り上げ、それらの著書に教育に関わる部分のあったことを確認していきます。

第1節　古代ギリシャ

　古代においては一般的に教育が宗教と深く結びついています。都市国家ではアテネとスパルタが有名ですが、小規模の国家です。教育機関では、成人前の青年を対象に神話と部族の掟と戦闘訓練などを教え、国家の構成員を育成します。このため、宗教の自由は認められていません。子供の読み書きについては国家の関心事ではなく、希望者が塾のような場所で私的に学んでいたようです。しかし、文字を教えることで国家に逆らうような知識を与えるのではないかと警戒され、塾が弾圧されたりします。したがって、この時代には知的な啓蒙よりも、宗教上の教義を教え込むこと、すなわちインドクトリネーション（注入）が主な関心事となります。

　思想家としては、ソクラテス、プラトン、アリストテレスがよく知られています。そこで、これら3名を取り上げて古代ギリシャを説明します。

1）ソクラテス（Sōkratēs）

①無知の知

　著書は無く、教えを受けたプラトンなどの著作から存在が確認できます。それらによると、ソクラテス以上の知者はこの世にいないという神託を巫女から受けて、ソクラテスは驚きます。なぜなら、自分はそれほどの知者ではないことを知っていたからです。

　そこで、神の真意を確認すべく、評判の良い知者を次々に訪ねて問答を挑みます。例えば、「善」とは何か、と尋ねると相手はあたかも知っているかのように答えるのですが、次々と追求していくと最後には明確な答えを出せません。それらの結果、ソクラテスは神の真意に気付くのです。私自身は知者とはいえないが、他の人々よりも優れている点が1つだけある。それは、知らないことを知っていると思い込んでいる人々よりも、知らないことを知らないと自覚している点で少しだけ優れている、ということです。このことを日本では「無知の知」という表現で広まっています。

②汝自身を知れ

　「無知の知」をそのまま読むと「知ら無いことを知っている」すなわち「何でも知っていると誤読する場合があるようです。このように全く逆の意味に取られてしまうようでは良い表現とはいえません。

　実際は「自分は何も知らないということを自覚する謙虚な立場であり、それに無自覚な人々に比べて優れている」ということを意味しています。このため、「不知の自覚」と表現すべきと述べる哲学者がいます。「汝自身を知れ」とソクラテスはその自覚を求めていますが、日本にも「実るほど頭を垂れる稲穂かな」と謙虚さが大事であることを指摘する諺があります。しかし、一般的に日本人は我慢してはっきりと物事を

頭を垂れる稲穂

いわない、といわれたりします。ソクラテスによる謙虚さとは、お互いに議論をする際、自分が全知全能であるという振る舞いを止め、客観的に正しいといえる知識を追求し合うように対話することです。議論をするにも、実力のある人には相手のことをおもんばかる余裕があると感じます。

③産婆術

問答を通じてソクラテスは、相手の知識のあいまいさや矛盾を指摘して不知の自覚を呼び起こし、正しい認識を生み出すように導きます。この過程を産婆の仕事に例えて「産婆術」と名づけています。

しかし、ソクラテスは、知っているにもかかわらず、知らないふりをして相手の無知をあぶり出し、恥をかかせて喜んでいるのではありません。そのような歪んだ自己満足ではなく、相手と共に真実を追究し、善く生きられるよう、お互いに納得できる答えを導き出そうとしているのです。

私自身、産婆術の名手の一人として紹介したいのが映画『男はつらいよ』の主人公、寅さん（車 寅次郎）です。2019（令和元）年 12 月に最後の作品となる第 50 作目が封切られています。今日の大学生の場合、関心が薄く、あまり知られていないかもしれません。この点では、当時は大学生だった義理の弟に私がデートで寅さんの記念館へ行った話をしたら、大笑いされたことを思い出します。いつの時代でも大学生にとっては縁遠い作品なのかもしれません。福島県の湯川村には「湯川たから館」があり、『男はつらいよ』の山田洋次監督を撮影監督として支えた髙羽哲生で、その軌跡が常設展示されています。その他にも福島県には寅さんに縁のある場所があるので、調べてみてください。

寅さんは小学校しか卒業していません。このため、自分の不知を自覚しています。「人間はね、理屈なんかじゃ動かねえんだよ。」（第 1 作）という点は、「善」を知識として授けるだけでは自覚させるまでに至らず、行動する意志につながらないことを指摘しているのだと思います。思いやりや信頼など、感情に基づくことが不可欠なのです。また、人生の難問を理屈で解決しようとしている人に対して、「お前、さしずめインテリだな？」（第 23 作）と問いかけて不知の自覚を促します。この自覚を欠き、自分自身の至らなさに気づかず、相手の不備をなじったりする場合、「いいか人間誰しも欠点というものがあるんだよ。」（第 37 作）

と自身を含む人間に対する深い理解を示します。甥っ子の満男から人間は何のために生きているのかと問われた際、「あぁ生まれてきて良かったな、って思うことが何べんかあるじゃない。そのために人間生きてきてんじゃねえのか。」（第39作）との返答には理屈を超えた説得力を感じます。さらに、満男に好きな女性ができた際、嫌らしいことばかり考える自分を嘆く満男に「自分を醜いと知った人間は決してもう醜くねえって。」（第42作）と諭します。自らの醜さを自覚できた時点で、それに無自覚な人々よりも優れているのです。

　このように、寅さんは産婆術を想起させる哲学者と感じられます。是非、産婆術を理解したい場合、映画『男はつらいよ』を参考にしてほしいと思います。

2）プラトン（Platōn）

①イデア論

　教育に言及している著書として『国家（ポリテイア）』が有名で、その中で「イデア」という概念が紹介されています。それは見たもの、知っているものの「姿や形」のことであると説明されると簡単なことに思われます。

　しかし、この「姿や形」が言葉を超えたもので、時空を超越して永遠で非物体的であり、「この世」ならぬ場所に実在すると説明されると、何か神代の世界である「あの世」を想起させます。例えば、この世に生きている現実の犬を見ると、多種多様で、成長によって変化し、年を取ると死亡します。ところが、あの世にいる犬のイデアは唯一の存在で、不変であり、永遠に存在します。理想の犬を追求するとそこに行き着くのです。そして、最高のイデアが「善」であり、より善きものを追求しても無限であり、行き着くことができません。今日においても多くの意見が対立する様に、私たちは究極の真理を発見できていないのです。

　このように、イデアを追求すると際限がなく、理解することが困難に感じられます。

②洞窟の比喩

　プラトンからすると、本来、私たちは、あの世で見て知っているイデアをこの世で忘れているだけなのです。そして、私たちがこの世で見て知っていると思っていることは、実は本物のイデアではなく、暗い洞窟の中で映画館のように背後

から来る光が壁に当てられ、しかも私たちの背後で、光に当てられて写るイデアの影に過ぎないのだそうです。これは「洞窟の比喩」と称される有名な例え話です。教育の役割とは、プラトンによると、暗い洞窟での幻影から脱出させ、明るい太陽の下での真理へ導くことです。純粋な理性的思考を再構築することで、イデアを思い起こすことが可能になるのだそうです。

　本書でも高等学校までに習う日本史・世界史や倫理の知識が多く取り上げられているので、以前に見て知っている知識が多いと思います。しかし、それらの知識を教育という観点から活用できるよう、再構築を試みています。このように考えると、プラトンの教育論が頭に残りやすいのではないでしょうか。

　その後、「イデア」は、中世のキリスト教神学では諸物の原型として神の中に存在するとされ、近世になると英語の "idea" の様に「観念」や「理念」の意味で用いられるようになります。

③霊肉二元論

　プラトンは目に見える実際のものよりも、目に見えないイデアを重視しています。すなわち「見えるもの」と「見えないもの」とを明確に区別しているのです。このような二つの観点から真理を追究する方法を「二元論」といいます。こうした二元論を人間に適用して、プラトンは、見ることが不可能な「霊魂」と見ることが可能な「肉体」とに区別します。「霊肉二元論」とも称されますが、イデアを重視するプラトンは、イデアが永遠であるように、霊魂は滅びることがないとする「霊魂不滅論」を唱えます。霊魂は人間の生まれる前に既に実在し、人間が死んだ後でも実在し続けるのです。つまり、霊魂とは不死の存在なのです。その反対に、肉体はこの世におけるかりそめのものであり、いずれは滅び去るものなので、霊魂はなるべく肉体から自由になって、真の実在、即ち永遠のイデアをとらえなければならないと考えられています。

　また、霊魂は純粋な存在であり、肉体は欲望の源で、霊魂を惑わす不純な存在と見なしています。このため、肉体は「魂の牢獄」と述べられており、この牢獄から逃れることによって純粋さを取り戻せると考えられています。

　この「霊肉二元論」の考え方がキリスト教に受け継がれていくこととなります。

④アカデメイア

　プラトンは国家の指導者や立法者を養成すべく、アカデメイアという教育機関を開設します。数学、天文学、問答法などを学ぶことで哲学者を養成し、そういった人々によって国家が運営されるべきと考えています。特に、究極の姿や形を意味するイデアを探究するため、幾何学が重視されています。アカデメイアの門には「幾何学を学ばざる者は入るべからず」と書かれていたそうです。しかし、支配階級を対象とした教育機関と考えられていたため、生産者などの一般庶民は教育の対象とは考えられていないようです。

⑤ギムナスティケー（体育？）

　教科目としてはさらに「音楽・文芸」と「ギムナスティケー（gymnastike）」の二つが重視されています。ギムナスティケーとは格闘技や舞踊などの運動科目のことで、プラトンによると、不純な肉体を霊魂の思い通りに動かすための訓練と考えられています。したがって、身体を育成するためではなく、運動を手段とした精神のための教育を意味しているのです。このようにギムナスティケーは、精神が身体を自由自在に操作するための教育手段と考えられているので、今日の"gymnastics（体操）"の語源となっています。そして、ギムナスティケーを行う運動場を「ギムナシオン」といいます。プラトンも青年期にはアテネを代表するレスラーとして活躍したので、絵画では筋骨隆々とした姿で描かれます。

　このギムナスティケーは、今日の教科目でいうと「体育」が当てはまるので、歴史書や翻訳書ではプラトンの「体育」と紹介される場合があります。しかし、プラトンの時代にはまだ"physical education"という言葉は使われていません。プラトンは肉体を不純な存在であり、「魂の牢獄」と考えているので、その肉体を育成することは悪を増大させることにつながります。したがって、"physical"と"education"とをつなぎ合わせることはできないのです。"physical education"が使用される最初については、後に詳しく述べますが、ここでは古代ギリシャ時代から"physical education"という言葉が存在したと誤解が生じないようにわざと「体育？」のように「？」を付けています。

3）アリストテレス（Aristotelēs）

①エイドス（形相）とヒュレー（質料）

『ニコマコス倫理学』や『政治学（ポリティカ）』が教育に関わる著書としてよく取り上げられます。プラトンのイデアが「姿や形」を意味していると先に述べましたが、その理想を追い求めるために終わりがなく、具体性に欠ける印象を持ったと思います。この点をプラトンの弟子であるアリストテレスが「エイドス（形相）」と別の表現を用いてプラトンに対抗します。プラトンのようにあの世の存在ではなく、この世に実在するものとして扱うのです。目に見えない概念としてではなく、「〜とは〜のこと」と目に見える文字で記述し、具体化させます。例えば、「机」とは「平面の板に4つの足がついた形」のことです。その形を木材などの素材で具体化することで机ができあがります。この際、机の素材を「ヒュレー（質料）」といいます。

「善」については「善いこと」と定義することでそれ以上の追求を止めています。今日の国語辞典をイメージすれば分かり易いと思いますが、言葉の定義が定まることでそれに続く次の考察が可能となり、科学の発展につながっていきます。このため、アリストテレスは人文・自然科学を言葉で集大成し、科学の基礎を築いたので「万学の祖」と呼ばれています。

②リュケイオン

アリストテレスもリュケイオンという教育機関を開設します。プラトンに対抗するため、「イデア」という絶対性ではなく、「中庸」という相対性を目指します。例えば、「善」の場合、人々によって意見が異なります。そこで、お互いに少しでも良くなるように意見をすりあわせ、最善となるよう模索して「善」を決定するのです。プラトンの場合は「究極の善」を求めますが、アリストテレスの場合は「お互いの最善」を目指すのです。このため、リュケイオンでは理想を求めるよりも現実が重視されたことで、多くの観察結果が集められることとなります。

運動場であるギムナシオンも併設されており、当時のアテナイ（ギリシャの首都アテネ）には、大きなギムナシオンがアカデメイアとリュケイオンとキュノサルゲスの3つあったといわれています。

第2節　古代ローマ

　イタリアのローマを中心とした都市国家に始まりますが、地中海一帯に領土を拡大することで巨大な帝国となっていきます。この国土全体に共通する公的教育機関は無く、親や家庭教師による教育が一般的です。それらの中で特に国家の指導者や立法者を養成するため、身分の高い特権階級を対象とした教育機関が発展します。例えば、読み・書きの初歩を学ぶ初等教育に相当する機関、ギリシャ語とラテン語などの「文法」を学ぶ中等教育に相当する機関、演説の方法などの「修辞（レトリック）」を学ぶ高等教育に相当する機関などです。この初等・中等・高等という段階を踏む形式が今日の学校体系の芽生えとなっています。

アウグスティヌス（Augustinus）

　古代ローマ時代を代表するキリスト教の神学者です。キリスト教の教義を確立して後世に多大な影響を与えています。特に当時としては衰退していた古代ギリシャのプラトン哲学を再び活用するので、新プラトン主義とも呼ばれています。プラトンにおける「イデア」を「神」と読み換えることで、キリスト教の教義を哲学的な側面から強化しているので、その功績の大きかったことが分かります。

　教育の目的としてはキリスト教における「神の似姿」を追求すべきことを述べています。なぜなら、神は、人間を神と同じように「善」なる存在として創造しており、不死で安息の場所である神の国で一緒に暮らすことを望んでいるからです。ところが、『旧約聖書』にあるように、人類の祖先であるアダムとイブは神の言葉に逆らって禁断の木の実を口にします。この神に背いた最初の罪を「原罪」といい、そのことから人間は絶えざる不安を抱くようになります。そこで、教育によってあの世に存在するイデアに目を向けさせることで、我欲の追求を止めさせ、ひたすら神の似姿に回帰することを求めさせ、もともと人間の内面に存在していたキリストとの協働を手助けするのが教師の役割であると述べています。

　このように、神を信じてひたすら祈り、キリストを通して人間は善いことをなせると考えられているので、今日の教育が中立性を目指していることと比較すると宗教への偏りが認められます。しかし、広大な国において意思統一や犯罪の防

止などを企図するには、宗教に基づく統治が欠かせなかったのだと思います。

第3節　中世

　ローマ帝国が東西に分裂してから東ローマ帝国が滅亡するまでを中世と呼ぶのが一般的です。神を中心とし、来世に救いを求める宗教的な世界観を基本とします。

　右の絵は中世に特有な聖母子像の一例です。母親のマリアが子供のキリストを抱いている構図ですが、ほぼ同じ構図のものが数多く認められます。当時は人間である作者の独創性よりもむしろ、神の視点から正しいと思われることを忠実に再現することが求められているからです。このため、子供であるキリストは大人を小

中世の聖母像の一例

さくしただけの構図となっており、現在の私たちからすると不自然に感じられます。実際、子どもは小さな労働者と見なされて親の仕事を手伝うのが一般的で、今日のように仕事から解放されて学校に通い、教育を受けるという環境は整っていません。

　当時の教育についてはキリスト教の教義を伝えるために修道院や教会に付属する教育機関（神学校）が主に担っています。それらの内、教義を伝えるだけでなく、教義の正当性に関して哲学的に研究する機関を「スコラ」（schola）といいます。古代ギリシャの「スコレー」に由来して、元来は「閑暇」や「ひま」を意味する言葉です。仕事に追われることなく、学問をする余裕のある人々が集まる場所を意味しており、今日の "School" の語源となります。そこでの研究成果がスコラ哲学と称されます。例えば、聖書では「神を見た」や「神を見ることはできない」と述べられているので、両者は矛盾します。また、キリストの言葉が断片的なため、様々な解釈が可能となります。これらの矛盾や不明確な点について論理的な解消が必要となるのです。神の存在証明などが詭弁と感じられることのないよう、

綿密な議論がなされており、今日でいう大学的な教育機関といえます。

　この当時、貴族などを対象とした一般的な教育機関では、今日の一般教養にあたる自由学芸（リベラル・アーツ）として文法、修辞学、弁証法の三学と、算術、幾何、天文学、音楽の四科が行われています。これら7つの科目は「七自由科」と称されます。この中の「音楽」ではダンスも含まれるので、身体活動に関する教養も含まれています。

　しかし、農民や職人などの一般庶民の場合、子供も労働し、親から生活を学ぶのが一般的です。このため、親自身が教養を欠く場合、健康管理を欠く身体と、秩序を欠く生活環境となるなど、子供の将来にとって広い視野からの教育ができたかは疑問といえます。

　私は学生時代に児童館でアルバイトをした経験があります。児童館は児童厚生施設の一つで、私の場合、小学生と放課後や長期休暇の際、広い多目的ホールでドッチボールなどをする仕事をしました。この時に初めて、「鍵っ子（カギっ子）」という存在に直面しました。鍵っ子とは、両親が共働きなどで家に不在の場合、鍵を預けられた子供のことです。新聞などでその言葉は知っていたのですが、ひもで結ばれた鍵を首からぶら下げている子供たちを見て、寂しさや不安を感じることはないのか、心配になったのを思い出します。親の目の届かない所で、非行に走ったり、犯罪に巻き込まれたりすることが懸念され、社会問題となっていました。「うちのかーちゃん今日もパチンコ」と屈託ない顔つきで話しかけてくる子供もおり、教育の理論だけで、現実との関係を失ったら教育はできないと感じました。今日でも共働きは増加しており、放課後の学童保育の充実が問題となっているため、鍵っ子といえる子供たちは存在するはずです。しかし、犯罪に巻き込まれないよう、首に鍵をぶら下げる子供がいなくなったためか、昨今、鍵っ子という言葉は聞かれなくなっています。認定こども園が設置され、就学前の子供を受け入れる施設は整いつつあります。今後は、学童保育の施設不足の解消とサービスの向上が急務となります。

トマス・アクィナス（Thomas Aquinas）

　中世を代表する神学者・哲学者で、アリストテレスの哲学に基づいて神学を体

系づけた功労者として知られています。その存在を確認することが容易でない神を扱う神学と、実証的・経験的に事物を追求するアリストテレス哲学とは本来、反目し合う関係となります。

　しかし、トマスは宇宙などの自然について「自然は自律的に動く」とする従来の自然観（自然本姓）に対して、物質が動くには何か原因があると考えるアリストテレス哲学に基づき「自然は神が動かしている」と神の存在証明に活用します。すなわち従来は能動的とされた自然本性に神の力を認めることで、自然本姓が受動的なものに転換されることとなるのです。このため、当時主流だった天動説（地球を中心に太陽が回っている）が重要な考え方となります。

　さらに、教育の面では神から与えられた知性という能力を発達させ、神の意志である徳の習慣形成を行う必要があると述べています。アリストテレス哲学に基づいているため、あの世に存在するイデアではなく、神から与えられた自身の内の自然本姓を完成させることが目的となります。これにより神の似姿である本来の人間が単なる理想としてではなく、現実の世界で存在させることが可能と考えられています。

　今日では天動説は間違っており、地動説（太陽を中心に地球が回っている）が正しいことは容易に分かります。しかし、スコラ哲学の集大成としてまとめられたトマスの『神学大全』はキリスト教に対する疑義を解消し、その後の安定と発展に寄与した点でその功績は大きかったことが分かります。

第4節　ルネサンス（ルネッサンス）

　14〜16世紀にかけて、神を中心とする世界観から現世に生きる人間を中心とした世界観への転換を目指し、中世以前における古典古代（ギリシャ、ローマ）の文化を復興しようとする運動をルネサンス（復興）と称します。一説には、当時流行したペスト（黒死病）が神への信仰心を薄れさせた結果と述べる歴史書もあります。『死の舞踏』は当時、多くの教会に掲げられた絵画で、ラテン語のメメント・モリ（memento mori、英：remember death）、すなわち「死を思い起こせ」を主題としており、現世における我欲の追求の虚しさを示していると考えられて

います。コロナによるパンデミックを経験している現在、私たちはどのようなルネサンスを成し遂げているのか、未来の歴史学者からの見解が気になります。

　ルネサンスは商工業者や貴族など、上層階級に広まった運動で、一般庶民の問題ではなかったともいわれています。このため、教育機関においても中等教育以上が対象で、初等教育との関連は少ないとされています。教科目としては

ミヒャエル・ヴォルゲムート『死の舞踏』（1493 年）

古代ギリシャや古代ローマへの回帰を目的にしているので、ギリシャ語・ラテン語が重視されます。したがって、今日の日本で考えると、古典や漢文を苦手と感じている人にとっては地獄のような時代と感じられるかもしれません。

　しかし、神ではなく、人間を中心とした世界観への復興を目指していたため、実際には、以前には認められなかった自由な発想が可能となっています。ボッティ

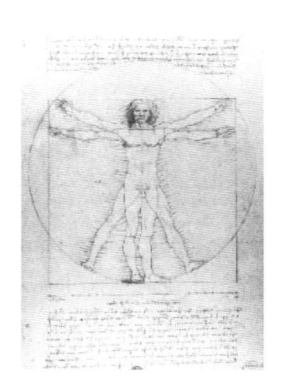

左：ボッティチェッリ『ヴィーナスの誕生』（1485 年頃）
右：レオナルド・ダ・ビンチ『ウィトルウィウス的人体図』（1485-90 年頃）

チェリの「ヴィーナスの誕生」は宗教画ですが、女性の裸体を描くなど、これまでには認められない構図で描かれています。神の住む天国では性欲などの欲望とは無縁なので、男女とも裸体が普通であり、描いても非難されることはないのです。特にルネサンス以降、遠近法という人間の視点が生かされていく点で画期的です。ダ・ビンチの絵も古代ローマ時代の建築家ウィトルウィウスの『建築について』の記述に基づき描かれた作品です。これら古典への復興が人間の理性に基づく科学を推進させ、地動説ではなく、天動説が唱えられるようにもなります。さらに運動や喜びを重視するため、今日の歴史書には「体育？（陸上競技や球技や武器の使用法）」や「音楽」が重視されたと書かれるのが一般的です。ここで「体育？」と表記したのは、プラトンの時と同様、"physical education" という言葉が無かった時代なので、私がわざと付けてあります。

1）ヴィットリノ（Vittorino da Feltre）

　イタリアの教師で身体の健康、品性の強化、精神の豊かさを目標に掲げています。1423 年にマントバヴァ（Mantua）で貴族の子弟を集める教育機関（宮廷学校）を設立しますが、能力のある貧民は無料で受け入れています。「喜びの家（La Casa Gioiosa）」と称したように中世以来の体罰による教育を批判して、子供の自発性を重んじ、学習意欲を起こすまで辛抱強く待つこと、また、学習能力や興味に即することを教育方針としています。運動科目も重視し、フェンシングや陸上競技や球技なども行いますが、ヴィットリノ自身も参加しています。そして、授業の楽しさが評判となり、他国からも生徒が集まるようになります。

　当時の教育を批判して名称を「喜びの家」としたことから、当時において一般的だった教育が推測できますが、そのことはいつの時代でもいえると思います。今後、紹介する学校名や教育方法の名称にも注目して欲しいところです。また、身体の健康が目標の一つに掲げられたり、運動科目が重視されたりしている点にも注目してください。

2）エラスムス（Desiderius Erasmus）

　オランダ出身で、ギリシャ語やラテン語が堪能でそれらの古典に精通し、それ

らの言語による『新約聖書』を出版したことで、ヨーロッパにおける知識人の一人として有名となります。『痴愚神礼讃』（1509 年）では愚かなことを述べる神の口を借りて当時の権威である教会やスコラ哲学を批判し、法王や神父の偽善を攻撃します。これらの業績が宗教改革の中心的存在となるルターに影響を及ぼします。

　『平和の訴え』(1517 年) では人間から見棄てられた平和の神の口を借りて戦争の原因となった為政者や権力者の無責任と欺瞞を告発します。そして、愛と平和を望む民衆の自覚と協力を呼びかけています。

　教師としての実務経験があったことから、『幼児教育論』（1529 年）において当時の教育機関を「拷問所」と批判しています。このため、「学びの場」を楽しい場所とすべきことが述べられています。また、子供の発達段階に基づく教育の必要性が述べられています。

宿題：次回の講義で紹介するコメニウスは、学校で不可欠な「世界初」といわれるものを作成しています。何を作成したのか調べてください。

第7章
宗教改革と教育思想

　宿題ではコメニウスについて調べてもらったと思います。コメニウスという名前は世界史の授業ではあまり取り上げられることがないため、初めて聞いたという人も多かったはずです。しかし、教育学の世界では、今日の学校教育の基礎を築いた一人であり、私にとってはペスタロッチと同様、学生時代に期末試験がある度に復習しなければならない人物として思い出されます。「世界初」とされているものについては、後程、紹介します。

　ここでは、宗教改革の背景と、それに伴う教育改革について述べていきます。

第1節　宗教改革

　キリスト教における「普遍性」を意味するのが「カトリック(カソリック)」ですが、その会派を批判し、抗議や抵抗（プロテスト）の意を示したことからプロテスタントと呼ばれる会派が出現します。その先駆けの一人がチェコのヤン・フス（Jan Hus）です。フスは、カトリック教会が発行する贖宥状に対し、金銭の支払いだけで罪が償われることを批判します。そして、教会側が言うことを信じるのではなく、聖書だけを信仰の根拠とすべきと主張したことで1415年に火刑に処せられます。

1）ルター（ルーテル）（Martin Luther）

　ルターはドイツの神学者。フスの処刑から約100年後の1517年に、ルターは、ドイツにおいてカトリック教会による贖宥状を批判する『95ヶ条の論題』を主張します。これが宗教改革の発端といわれています。人々はフスと同様、ルターが火刑に処せられると考えたと思います。しかし、フスの時代とは相違して、エラスムスなどの活躍によって為政者や権力者への批判が一般化していました。こ

のため、ルターの考え方に同調して捕まらないようにかくまうなど、助ける人々が現れます。この時の隠れ家がドイツのアイゼナハ（Eisenach）にあるヴァルトブルク城（Wartburg）です。この城は、ルターが『聖書』のドイツ語訳を完成させた場所として有名です。ギリシャ語やラテン語の『聖書』では一般の人々が読むことができないので、教会における説教に頼らざるをえません。そこで、ルターは自国の言葉であるドイツ語に翻訳することで、教会に頼らなくて済むようにしたのです。

　私は後述する教育学者のフレーベルを調べる際、アイゼナハ駅で鉄道からバスに乗り換えています。そして、フレーベルの終焉の地であるシュヴァイナ（Schweina）へ向かったので、その城のすぐ近くを通っています。しかし、山を見上げれば見えたかもしれないその城の存在を、帰国後に気付きました。何の変哲もない田舎道に「ルターの通った道」などの看板があり、ルターが目立つとは感じていたのですが、後の祭りです。フレーベルのことしか頭になかった当時の私を思い返すと、その懸命さが懐かしく思い出されます。

　ルターは全ての子供が『聖書』を読めるように教育すべきと主張しています。この点が今日における義務教育の萌芽といわれています。それ以前には中等教育以上に関心が示されていたことから、ルターは今日における初等教育の普及に貢献したといえます。また、子供たちに直に母国語で読ませるということで、今日における「国語」の授業を重視したといえます。この義務教育を行うために、ルターは教会（寺院や修道院）の財産を国や市営の公共事業へ移行させるように主張します。この主張を領邦君主が支持したことは当然といえます。このため、ルターは一般庶民にではなく、主に領民統治者に寄与した人物と評価されたりします。

　ルターは、カトリック教会で一般的だった自然本姓から始まるトマスの教育を否定します。人間の内なる自然本姓とは自己愛に満ち、我欲の追究を本質とするので、ルターはその能動性を批判し、人間の外側にある『聖書』の内容をただ受け入れること（受動性）を求めます。したがって、プロテスタントとしての態度が明確に表れている教育観といえます。

2）カルヴァン（カルヴィン）（Jean Calvin）

　カルヴァンはフランス出身の神学者で、宗教改革に関わった際、プロテスタントへの弾圧が激しくなってスイスへ亡命します。そこでの活躍が一般庶民に支持されたため、スイスからフランス、オランダ、イギリスなどに広く普及し、さらにアメリカ大陸に伝わったとされています。特にイギリスでは宗教改革を徹底させようとしたプロテスタントがピューリタンと総称されますが、1642 年から1649 年にかけてピューリタン革命が起こります。これによって他国に先駆けて王政を廃止し、一般庶民による共和国が建設されます。また、迫害されたピューリタンが新大陸（アメリカ）へ移住し、ハーバート大学を設立しています。

第2節　宗教改革期の教育理論

　宗教改革期にはルターが述べているように、全ての子供に母国語の教育を行うという考え方が普及します。その最大の立役者がコメニウスです。彼の活動や著作が今日の教育学や義務教育の始まりと評価されたりするので、教育学という学問領域における重要な人物です。私も学生時代にどの授業にもその名前が出てくるので、その偉大さを感じた教育学者の一人です。

1）コメニウス以前の教育

①中世

　最初にコメニウスが登場する以前の教育状況を確認します。コメニウスによると当時は、農村や村落などの小さな集落には学校が無く、あったとしても金持ちのためであり、しかも折檻場や拷問室のようで逃げ出してしまう状況だったそうです。この点について、教育史を勉強する際に参考図書の一つとしてあげられる『新装版　世界教育史』（梅根悟、1988 年、p.261-271）からいくつかの点を紹介します。まず、当時は今日の医者に似た教育方法が行われていたといえます。医者というと不思議に感じられるかもしれませんが、例えば、病院に行った際、「はい、中野さん、診察室に入って下さい。」「はい次は●●さん」と一人ひとり呼ばれて医者が診察するのが一般的です。このように、生徒一人ひとりに対して個別

に教師が対応するのです。これは義務教育制度が無い時代なので、年齢も進度も入学の時期もまちまちな子供を一人の教師が対応しなければならず、一人ずつ、別々に教える必要があったのです。このため、一人の子供が教えられている間、他の子供たちは待っていなければならず、非効率的な状況となります。また、待っている間に騒ぐと笞などでたたかれ、静かにしているように躾けられます。教育課程も定まっていないので、教えられる側が特に大変となります。例えば、一学期には教師がＡを「オー」と発音させ、間違えると笞で打ち、二学期には違う教師が担当して「ア」と発音させ、三学期も違う教師が「エー」と発音させるなど、混乱した状況がうかがわれます。今日のように教師の養成課程も無い時代なので、十分な技量が無くても教職に付くことができ、このため、農作業がいやなので教職につくありさまです。

　中世までの教育をまとめると、騎士、農民、職人など、身分に基づいて別々の教育がなされており、特に身分の高い特権階級を対象とした中等教育以上の機関が発展します。このため、宗教における聖職者の養成が主な関心事となり、一般庶民の初等教育についてはあまり考慮されていません。また、授ける知識も中世の場合、思弁的な知識（科学的根拠に基づかず、思惟・思考のみによって到達した知識）が神の名の下に尊重されています。例えば、先に述べたように中世では「天動説」が一般的です。私たちから見ると太陽は東から昇って西に沈むので、太陽が地球の周囲を回っているように感じられます。天体観測に基づかず、思惟・思考のみにたよると誤った結論に達する場合があるのです。

　②ルネサンス

　ルネサンス期には身分差があっても同じ人間、という考え方が普及します。このため、身分差のない普遍的な人間形成を求める教育理論が必要とされます。また、グーテンベルク（Johannes Gensfleisch zur Laden zum Gutenberg）によって印刷術が普及し、情報の拡散が容易となります。さらに、1543 年にコペルニクス（Nicolaus Copernicus）が天体の観測結果に基づく「地動説」を述べた『天球の回転について』を発行しています。その後、天動説から地動説へ移行していくなど、科学革命といわれる時代となります。観察や実験によって得られた科学的な知見が重視されるようになるのです。この流れの中で、アリストテレス的自

然哲学を見直すべく、ガリレオ・ガリレイ（Galileo Galilei）が科学的実験を行います。ピサの斜塔から同じ材質で重さの異なる大小 2 種類の球を同時に落とす実験で、アリストテレスでは重い方が早く落下するとされていました。しかし、実際には両者が同時に着地することを証明したといわれています。

古い宗教観、封建的な身分差、非科学的な認識を打破すべく、教育改革によってその要求に応えた最大の立役者がコメニウスです。

2）コメニウス（Johannes Amos Comenius）

コメニウスはチェコの出身で、火刑に処せられたフスの思想を受け継ぐ教団に所属しており、このために母国を追われます。その後、チェコでもプロテスタントが認められるように他国で奔走しますが、母国の地を踏むことなくオランダで客死します。

宗教的な対立から戦争が絶えないため、コメニウスは、教育によって全ての人々が平和な世界の実現を目指すべく、著作を出版しています。主著といえる『大教授学（Didactica Magna）』は最初、チェコ語で書かれ、1630 年代には学問上の共通言語といえるラテン語で書かれます。実際に出版されるのは 1657 年ですが、出版以前にコメニウスの名声を聞きつけた人々にはその内容が知れ渡っていたようです。著書の副題には「あらゆる人にあらゆる事柄を教授する、普遍的な技法を提示します」とあるように、プロテスタントによる教育改革を志す人々が待ち望んでいた内容となっています。また、冒頭の読者への挨拶では教育者や被教育者に「苦痛」や「嫌悪」を抱かせることなく、両者に「楽しさ」を感じさせる技法であると述べられています。

①教育の目的

ルターに基づき、身分差なく、男女とも全ての子供たちが「神の似姿」を求めることが教育目的と述べられています。そして、「人間を教育される動物と規定した人は間違っていません。教育されなくては、人間は人間になることができないのです。」とも述べられています。この言葉を聞いて前に聞いたことがあると感じた人もいると思います。本書の最初でカントの言葉を紹介していますが、まさに同じなのです。カントが教育論を述べるに当たり、コメニウスを参照してい

ることがうかがわれます。

　教育目的は具体的に学識・徳行・敬神の三つに区分されています。人間はそれら三つの種子を内在して生まれてくるので、それら三つの自然性を発展させる必要があると考えられているからです。このように、人間の「素質」を種子のように考え、その種子に水や肥料を与えて幹を太くし、花を咲かせて実がなるように育てるのを「自然主義」といいます。コメニウスは「自然に帰ること」の重要性を述べていますが、その「自然」とは人間が神に背いた「原罪」よりも以前の状態へ戻ることでもあります。

　しかし、三つの教育目的の中に「身体」の育成は含まれていません。なぜなら、健康や体力や容貌などは人間の内面ではなく、その外側にある装飾品の一つに過ぎないと考えられているためです。勇ましい体力、俊敏な動作、軽快な走りのような内面のありようが大切であり、その外側の身体面は、胃や心臓などの「臓器」の状態に依存するしかなく、また、美食などの欲望へ通じているので悪影響を及ぼすのです。ただし、休息が学習の効率を高めるので、身体への配慮は必要と考えられています。身体の健康を教育上、無視することが出来なかったのだと思います。

　さらに、人間の外側にある装飾品として、コメニウスは、「権力」や「地位」などもあげています。今日でいうと、社会的地位や身分を示す「肩書き」ともいえます。私はこれを見た瞬間、コメニウスの気持ちがよく分かりました。ある時に私は、定年退職した高校の校長先生が小学校の校長先生の指示では働きたくないと、不満を述べているのを見たことがあります。高校と小学校との数を比較すると高校の数が少ないので、当然、高校の場合は「校長」に就任できる確率が低くなります。確かに名誉なことと考えられますが、肩書きは役割に過ぎず、その人の人格とは関係ありません。私が小学生の時、壇上に上がった父兄の代表が、大会で優勝してメダルを取ったことは大いに「ほこり」と感じてください。しかし、それが「おごり」になってはいけません、と話されました。脚韻を踏んでうまい言い回しだなと感心し、今でも覚えています。

　②直観教授

　観察や実験による科学的知識が重視される時代なので、コメニウスは教育にお

いて「直に観る」という知覚を重視します。「直観教授」という言葉を実際に用いるのは後に述べるペスタロッチが最初ですが、その源流はコメニウスにあります。例えば、できるだけ沢山の感覚を使用すること、五感を十分に活用することで記憶しやすくなること、言葉で言い表し、手で書き表すことで2回学ぶことになるなどと述べられています。また、書物からではなく、樫の木やブナの木から学ぶ態度が必要なこと、すなわち、他人の観察や証言を聞くのではなく、実際に見て事物そのものを知り、探究することを教わる必要があるとも述べられています。このように、突然のひらめきを意味する「直感」とは異なり、五感を活用して過去の経験と照らし合わせ、論理的に分析することを「直観」というのです。

　さらに、神は「全知」、すなわち全てのことを知っていますが、人間の魂は、アリストテレスが述べる「白紙（タブラ・ラサ：ラテン語で「磨いた板」の意味）」の状態で何も書き込まれておらず、何も知らされていないと考えられています。このため、その魂にあらゆることを書き加える必要があると述べられています。この点は自然主義に基づく素質を育てるのとは相違し、人間が本来的にもっていない知識を与えることで、教育者が理想とする性格形成を行っていくことを意味します。このことを以前に「陶冶主義」と紹介しましたが、陶芸で土をこねて茶碗を作るように（陶）、また、鋳型に流し込んで形作るように（冶）性格形成を行うのです。そして、その対極にある考え方を「自然主義」とも紹介しました。

　したがって、コメニウスの場合、両方の考え方が認められることを念頭に置く必要があります。神から与えられた素質を育成するだけでなく、宗教に基づく思弁的な知識が主流だった当時、観察による科学的な知識を教える必要があったのです。

③一斉教授法

　コメニウスは教育の効率を考えて、教師一人で100人近くの生徒を指導できると断言しています。これは教育者が一に対して、被教育者が多となる「一斉教授法」を意味しています。このためには同じ学年に同じ教科書を使用させる必要があること、また、開校年度を春に統一し、毎年、毎月、毎週、毎日、毎時間に決められた学習をすることが定められています。したがって、これらの点が中世とは異なっており、今日の学校における授業風景・教育課程・時間割の始まりと

いえます。

　ところで、今日、一斉教授法については、知識の詰め込みや個性無視による大量生産方式など、批判が認められます。このため、一斉教授法は効率的ではありますが、一人ひとりの個性や能力に合わない教育と考えられたりします。しかし、中世と比較すると、当時においては画期的な方法だったことが分かります。私たちもコメニウスに習い、教育者と被教育者の両方が「楽しさ」を感じられるよう、今日的な工夫が求められるのだと思います。

④年齢ごとの学年編成

　コメニウスは教育期間を生まれてからほぼ25歳までと考えています。この理由は、25歳位まで身体の成長が続くので、神に与えられた自然の導きに従って人間の教育を段階的に考える必要があるからです。この期間は6年ずつ下記の様に4段階に分けられており、行われる場所も年齢が上がるごとに家庭→町村→都市→各州・王国のように、次第に広大な地域となるように計画されています。今日でも公立学校で考えると、実家周辺の町村立の小・中学校→県・市立の高校→国公立の大学となっており、コメニウスの意図が反映されているといえます。

- ・幼児期（1- 6 歳）母の膝　＝　家庭での教育
- ・少年期（7-12 歳）初級学校・母国語学校　＝　集落（町村）での教育
- ・若年期（13-18 歳）ラテン語学校・ギムナジウム　＝　都市での教育
- ・青年期（19-24 歳）大学　＝　各州・王国での教育及び外国旅行

　ところで、「大学」では教育以外に「外国旅行」があります。この点は、教育の総仕上げを意味し、これまで机上で学んだことを海外で応用することで教育の完成とするのです。私の場合、大学の野球サークルの仲間と共に米国領のグアム島へ卒業旅行に行っています。仲間の内でプロ野球の読売巨人軍のファンがおり、当時は春季キャンプにパセオ球場が使用されていたため、そこでキャッチボールをしよう、ということで決まりました。初めて「パスポート」なるものの存在を知り、スーツケースを買い、飛行機に乗るなど、友人たちの手助けでなんとか行くことができました。その際、グローブとボールだけは忘れないよう、忠告されたのを覚えています（普通ならパスポートです）。私は投手だったので、マウンドでピッチング練習をしたのですが、日本と相違して土が硬かった記憶があります

す。日本料理店があったので入ったのですが、ラーメンとチャーハンが見た目は日本と同じですが、味が全く異なり、違った料理に感じられました。このように、友人たちのおかげで今までに無い経験ができたのですが、コメニウスがこの光景を見たら、大学で何を学んでいたのかと呆れられたと思います。しかし、就職して仕事を始めると分かるのですが、忙しくて簡単には海外に行けなくなります。コメニウスは海外に行くことで母国の特徴が見えてくることを知っていたのだと思います。是非、学生時代に海外を経験することをお勧めします。

　グアム島について調べた際、近くのサイパン島に不思議な名称を発見しました。島の北側に "Banzai Cliff" や "Suicide Cliff" があります。調べてみると、アジア・太平洋戦争の際、日本人が米軍に追い詰められた際、「万歳」といいながら「自殺」すべく、崖を飛び降りることから命名されたそうです。このような事実は大学に至るまで教えられたことがなく、卒業旅行をきっかけに見聞が広がったことに感謝しています。

　学生時代に海外へ行く場合、私としては、ヨーロッパと東南アジアの二つをお勧めしています。今日の日本は明治時代の欧化政策以降、ヨーロッパの文化を数多く取り入れています。この源流を感じ取るためにもヨーロッパのどの国でも良いので、見てきてほしいと感じます。これにより、逆に日本の良さを再発見することもあると思います。日本の治安の良さは海外に行ってみないと分からないと思います。また、日本は何処に行ってもトイレに困ることがなく、自動販売機については過剰なほど設置されているなど、便利さにあふれていることが感じ取れると思います。あと、東南アジアですが、私の場合、タイに行ったことがあります。首都のバンコクは大都市で、東京に匹敵しますが、タイは発展途上国に位置づけられています。このため、市街を歩いていると、工学系の学生の場合、自分が学んでいる学問を生かせると思える場面がいくつも感じられると思います。是非、ヨーロッパと東南アジアには学生の内に行ってきてほしいと思います。

④実質陶冶

　先に教育目的が学識・徳行・敬神の三つであると紹介しましたが、具体的には「あらゆる事柄」を知り、それらを「統制・活用」し、最後にそれらを「神に返す」ことと考えられています。これらの流れの内、最初が「あらゆる事柄」とあ

るので、いきなり際限なく知識が詰め込まれるイメージを抱いた人もいるかもしれません。しかし、以前にはこれまで分かってきた知識を単純に並べるだけでしたが、コメニウスの場合、「事柄の本質」に限ることで全体の知識が簡単に見渡せるような、また、「苦痛」や「嫌悪」を抱かせることなく「楽しさ」を感じさせ、さらに「人類全体の救い」につながるような学習内容が提案されています。この学習内容に関する知識体系が後に「汎知」と称されるようになり、この点にコメニウスの最大の特徴が認められるのです。

　その試みの一つが1631年の『開かれた言語の扉（Janua linguarum reserata）』というラテン語学習の入門書です。それ以前には文法の諸規則をひたすら暗記する学習法だったため、コメニウスは例文を工夫し、後の汎知に通じる内容を取り上げます。この工夫が評価され、楽しく語学が学べると評判になります。この例文にいくつかの項目が追加され、全ての例文に絵図が加えられたのが『世界図絵（Orbis sensualium pictus）』（1658年）です。本書は、世界初の絵入り教科書といわれており、この点が前回の宿題の答えとなります。本書の目次を見ると、最初は「神」の項目から始まり、その後の150項目程ある全てをあげられませんが、以下の例のように最初が神の創造した自然、そこから当時における最新の自然科学的知見へと進み、そして、人間・社会の営みに基づく例文へと続き、最後に神による「審判」に至る4つの段階で構成されています。

- ・神が創造した自然界：例えば、天体と地上、植物、動物、人間の魂など
- ・諸技術の統制・活用：例えば、農業、商業、工業、学校、測量など
- ・人間・社会の統制・活用：例えば、勤勉、家族、都市、王国など
- ・神を心からあがめる構造：例えば、異教などの各宗教、キリスト教、神の審判など

『世界図絵』に掲げられた絵を紹介すると、例えば、39番目に「筋肉と内臓」という項目があります。その絵は1543年に出版されたヴェサリウス（Andreas Vesalius）の『ファブリカ（De humani corporis fabrica）』と比較すると同じ構図であることが分かります。ヴェサリウスは今日、近代解剖学の祖といわれており、それまで主流だったガレノス（galēnos）の多くの誤りを正し、緻密な解剖図を作成したことで有名です。その絵が参考とされていることから、当時におい

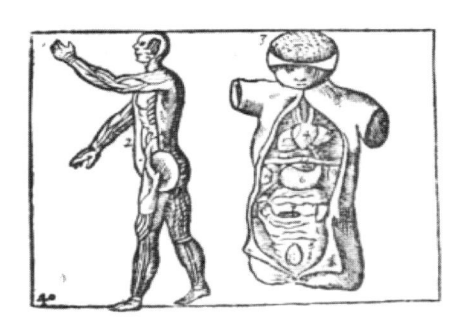

『世界図絵』39 筋肉と内臓

『世界図絵』110 英知

『ファブリカ』

て最新の科学的知見が取り上げられているのです。また、110番目の「英知」の項目では左側の人物が左手に望遠鏡を持っています。当時における最新の観測機器が紹介されているのです。ただし、今日の研究者から『世界図絵』は天動説に基づいていると指摘されているので、科学的といっても時代的な限界のあることはやむを得ません。

　これらの諸知識は「事物のいちばん奥底にあるゆるぎない自然」に基づいて取り上げられています。この「自然」は科学的な知見に基づいているために客観的で、全ての人々が納得できる共通認識となります。同じキリスト教にもかかわらず、カトリックとプロテスタントが争い続ける当時において、コメニウスは共通認識の必要性を感じ、汎知に通じる客観的な知識体系の習得を重視しているのです。

　以上のように、学習内容（知識・技能）の実際的な価値に注目して、その習得が重視されるのを「実質陶冶」といいます。これに対して、学習内容は手段に過ぎず、学習内容の習得よりもそれを手段として（もしくは、それを通して）、他の目的の達成を目指すのが「形式陶冶」です。例えば、語学の場合、その語学を

活用できるようにするのが実質陶冶で、語学を手段とした人格形成（例えば、創造力、問題解決能力、判断力などの育成）を重視するのが形式陶冶です。陸上競技の短距離走の場合、50m を速く走れるようにするのが実質陶冶で、速く走れることよりも、一所懸命に頑張る強い意志の育成などを目指すのが形式陶冶です。

3）ミルトン（John Milton）

　ミルトンはイギリスにおけるピューリタンの代表的詩人といわれており、1644 年に『教育論（Of Education）』という小編を書いています。この小編は、ミルトンがコメニウスの信奉者からイギリスの教育改革に関するコメントを求められ、それへの返答として「学習」「軍事訓練」「食事」の三点への言及がなされています。

　①「学習」

　語学について、7 〜 8 年の長期間を費やすことで語学嫌いを助長させていると指摘しています。この指摘は中世からの伝統的な教育、すなわちギリシャ語やラテン語の文法に始まり、修辞学（言葉や文章の表現方法）、弁証法（正しい認識に到達するための論理的技法）の獲得に至る教育への批判です。今日の私たちも、早い場合には幼稚園の課外で英語教育が行われ、さらに大学に至るまで英語を課される状況に似ていると感じられます。その長期にわたる状況に対してミルトンは、語学を 1 年程度で終了させることを提案しています。これによって語学に親しみを覚えるので、次第に他の言語に挑戦していくことにもつながると考えられています。コメニウスも語学については 1 年程度に納め、汎知的知識体系の学習に支障を来さないようにすべきと述べているので、ミルトンはコメニウスに沿った見解を示しています。

　しかし、ミルトンにはコメニウスと相違する点も認められます。ミルトンは教育対象を 12 歳以上の若者に限っているので、12 歳未満の初等教育については視野に入れていません。また、実質陶冶に基づく知識体系の習得ではなく、それらを手段として、教養ある勇敢な愛国者としての紳士の育成、という形式陶冶に基づいた教育が述べられています。したがって、コメニウスが身分差や男女の性別を限定せず、全ての子供を対象とした実質陶冶の教育を構想していたのとは異

なるのです。

　教育の最終段階では、詩作の大切さが強調されています。この教養が尊敬と注目を得られる能力につながるため、政治家や宗教家にとって不可欠と考えられているためです。

②軍事教練

　戦争の多かった当時なので、ミルトンは、教育課程として「軍事教練（military motions）」を提案しています。コメニウスの『世界図絵』にも141番目に「軍隊と戦闘」の項目がありますが、「前衛」や「後衛」などの知識教授に止まり、体を動かしての実際の訓練までは考えられていません。ミルトンの場合は、運動場で軍事的訓練がしやすいように各教室の人数を「歩兵1箇中隊か騎兵2箇中隊」に分けるなど、戦時を意識したクラス編成がなされています。そして、その訓練によって勇敢さなどの性格形成のみならず、指揮官として戦闘に参加することも視野に入れられています。

　このミルトンの用いる軍事的な "exercise" という言葉が今日の研究者によって「体育」と翻訳されたりします。しかし、軍事教練は極端な表現をすると殺人や破壊につながる技術の育成なので、軍事目的であり、人格を尊重する心などを育成する教育目的とは異なります。この軍事目的の「訓練」に対し、教育目的の一つである「体育」という言葉を当てると、殺人や破壊が教育的価値を伴った行動となってしまいます。本書では後に、日本に兵式体操を導入した森有礼について述べますが、今回の軍事教練の話につながるので覚えておいてください。

③食事

　最後にごく短くですが、ミルトンは「食事」について言及します。この点については外食をさせると悪い習慣が付くので、食堂のような同一の場所で行わせることと、健康に通じるよう、質素で適量であるべきことを述べるだけです。コメニウスの場合、『世界図絵』の54番目で「料理」の項目が認められますが、具体的に食事を与えるなどの行動までは考えられていません。

　以上から、コメニウスの場合、世界各国に通用する一般的な教育が構想されていますが、ミルトンの場合、当時において急務となっているイギリス固有の教育が取り上げられています。この最初の前提が異なるため、ミルトンは、支配階級

に不可欠な教養と性格形成、軍事教練や食事の与え方など、紳士の育成に重点を置いた教育論について述べているのです。

4）ロック（John Locke）

　ロックはイギリスの哲学者で、国王の支配権は神から授かったものという「王権神授説を否定し、イギリスにおいて政治と宗教との分離を訴えたことで有名です。この考え方がモンテスキュー（Charles-Louis de Montesquieu）の三権分立論（司法・立法・行政）に発展します。『人間悟性（知性）論（An Essay Concerning Human Understanding）』（1689 年）ではコメニウスでも見られた「タブラ・ラサ」という概念を用い、「人は誕生時に何も書いていない板のように何も知らず、後の経験によって知識を獲得」すると考えられています。これは知識や観念について、先天的（生まれた際に既に備わっている能力）なものと考える「生得観念論」を否定し、後天的（生まれた後に獲得する能力）なものと定義しているのです。この「タブラ・ラサ」の概念に基づき、1693 年には『教育に関する考察（Some Thoughts Concerning Education）』を書いているので、ロックは自然主義ではなく、陶冶主義に基づいていることが分かります。

　この教育論は著書として書かれたものではなく、貴族の友人に宛てた手紙をまとめたものなので、本来、目次はありません。しかし、現在刊行されている全集の中には "physical education"・"moral education"・"intellectual education" などの目次が付されている場合があります。確かにロックは医学の研究もしていたので、手紙の最初で身体の健康に関する運動や食事に言及しています。しかし、ロック自身は知・徳・体の区分はもちろん、本文の中でも "physical education" という言葉を使用していません。したがって、全集の目次は後世の研究者が追加したものに過ぎません。この追加に気付いていない場合、"physical education" という言葉を最初に使った人物をロックと誤解してしまうのです。私が世界教育史学会（International Standing Conference for the History of Education：通称、ISCHE）で発表演題に "physical education" が付く発表者に先の質問をすると、そのほとんどが最初の人物をロックと答えています。

　教育論の中でロックは、詩・音楽・古典語の学習を批判しています。それらの

人文学的な教養ではなく、支配階級にふさわしい紳士としての実学的知識（例えば、歴史・地理・法律など）や所作（例えば、有徳・勤勉、健康法）が重視されています。また、軍事力で相手を威嚇することも批判しています。このため、詩作などの教養と軍事教練の必要を述べるミルトンとの相違が認められます。

　所作の所で健康法に触れましたが、ロックの場合、食事は質素にということが強調されています。ここでは「我慢」する習慣形成の必要性が述べられているので、美食の国ともいえるライバルのフランスを意識しているように私には感じられます。今日、イギリスに行った旅行者が食事に失望した旨を述べる記事を多く見かけますが、その根源は質素を美徳とする紳士教育に由来しているのではないでしょうか。私自身はイギリスの「イングリッシュ・ブレックファースト」をとても気に入っており、是非、インターネットで検索してほしいと思っています。伝統的な朝食のようですが、各家庭ではあまり見かけないそうです。

　私の場合、大英図書館（The British Library）へ行く時、近くにあるカウンティというホテル（The County Hotel）を利用するのですが、そこで朝食を体験できました。このホテルは残念ながらコロナ禍で廃業したようですが、ラスクのような食パンと紅茶、スクランブルエッグ、焼きトマト、大豆のトマトソース煮、カリカリのベーコン、マッシュポテトを主とする朝食です。これも失望の対象として旅行記に記される場合がありますが、この質素さがイギリス文化を感じさせ、パン食が好みの私にはとても合います。ところで、カウンティは室外に共同のバスタブとトイレがあるため、ホテル代の高いロンドンにしては格安なのですが、女性にはお勧めしづらいホテルでした。

　写真は 1990 年代に開館した大英図書館の新館ですが、右奥の城の尖塔のような建物がセント・パンクラス駅（St Pancras International）で、国際列車のユーロスターが発着する起点となっ

大英図書館とセント・パンクラス駅

ています。白黒の写真では分かりづらいと思いますが、現代の大英図書館と中世の建築物のようなセント・パンクラス駅が同じ赤煉瓦の色で統一されており、調和するように並んでいます。伝統的なイメージを壊すことなく、設置されているのだと思います。また、駅のすぐ隣にはキングス・クロス駅（King's Cross Station）があります。映画『ハリー・ポッター』で「ホグワーツ特急」の発着するプラットホーム「9と3/4番線」があり、それを体験できる撮影スポットがあります。

　あと、食事についてはもう一点、お伝えしたい体験談があります。イギリス北西部のバンガー（Bangor）へ行った際、食堂のテーブル上に日本のブルドックソースに似た容器と液体が置いてありました。その黒い液体をスクランブルエッグに掛け、ブルドックソースのつもりで食べたら頭（心？）に衝撃が走りました。どのような味だったかお分かりでしょうか。実は、申し訳ないのですが、あまりの衝撃でその味が思い出せないのです。あの調味料は何だったのか、未だに分からずにいます。その店を出た記憶しかなく、先入観の怖さと、文化の相違には気をつけるべきことを学びました。その後、バンガーへ行く機会が見付けられないので、その味の解明ができず残念でなりません。

　ロックの教育論で特徴的なのが「鍛錬主義」です。例えば、就寝時に寒くても、薄い布団を使わなければならないと述べられています。これは、寒さに体が順応して、寒さに耐性が付くことを狙っています。

　また、学習において、子供に楽しさを感じさせる必要があると述べられています。例えば、アルファベットを学習させる際、サイコロを用いて遊び感覚で学ばせることが提案されています。この点について、「遊びで子供をだます」という表現が用いられています。体罰が一般的だった当時において、それ無しで辛い課業を継続させるための工夫が「楽しさ」なのです。鍛錬主義といっても苦痛を回避させるための工夫が求められているのです。

宿題：次回はペスタロッチについて解説します。その前にペスタロッチの著書である『白鳥の歌』の出版年を調べておいてください。

第8章
ルソー、ペスタロッチの教育思想と産業革命

　宿題ではペスタロッチの著書について調べてもらったと思います。調べ物を簡単に済ませたい場合、インターネットを使うのが今日では一般的です。実は、今回の宿題はインターネットを使用して調べることの危うさについて感じ取ってもらいたい、と考えて出した宿題です。この点については後の方で述べたいと思います。

　ここでは、18世紀後半において、民主化を目指す教育法と、産業革命に応じた教育法について紹介します。両者の性格は異なり、前者は個々の子供たちにおける心身両面の育成が課題となり、後者は産業革命を支える多くの人材を育成するため、集団を対象とした効率優先の教育がなされています。

第1節　民主化を目指す教育法

1）ルソー（Jean-Jacques Rousseau）

　ルソーは世界史において有名な人物です。フランスにおける『社会契約説』（1762年）では人民主権を主張し、権力者である国王や教会から反感を買いスイスへ逃亡します。しかし、死後には、フランス革命（1789年）に影響を与えた人物の一人として讃えられ、出身はスイスのジュネーヴですが、フランスの偉人たちを祀るパリの墓所（パンテオン）に安置されます。

①消極的教育

　ルソーが『社会契約説』と同じ年に『エミール』（1762年）という教育論も出版していることはあまり知られていないようです。哲学書ではなく、小説形式のフィクションであり、エミールという名の男の子について出生から結婚までの教育が述べられています。「自然に帰れ」が教育の主題であり、一人の家庭教師がエミールを社会から遠ざけ、1対1の個別指導を行います。この世間と隔絶す

る教育を一般的に「消極的教育」と称します。「自然」とは人間の手が触れられていない状態を意味し、「社会」とは人間が作り上げた人工的な状態を意味するので、「自然」と「社会」とは相反する言葉となります。ルソーによると、人間は生まれた時には「善」という自然の状態にあるが、その後、社会に触れることで「悪」という不自然な状態になって行くと考えられています。

　例えば、ルソーは「自然の最初の衝動はつねに正しい」と述べています。「衝動」といえば「衝動買い」などといわれるように、抑制すべき対象と考えられます。しかし、赤ん坊が飢えや渇きなどで泣くのは自然な状態で、自己保存に必要な欲求であり、この「衝動」を活用することが人間の育成に不可欠となるのです。子供はそのような身体の成長に不可欠な欲求など、自ら満たせない弱い存在なので、保護（もしくは養護・看護など）する必要があるのです。したがって、古い宗教観では「悪」の根源である身体は育成の対象と成り得ないのですが、「善」の根源と見なすルソーの場合、身体を教育の対象として認めていることが分かります。この考え方は次に述べるペスタロッチにも影響します。

　また、社会から遠ざけることで、他人を頼ったり、他人と比較して争ったりすることもないので、虚栄心とは無縁で、自立して自由な存在でいられます。このように社会から隔絶した子供特有の教育が必要であると主張することで、ルソーは、子供を「小さな大人」と見なすそれまでの認識を否定しているのです。以前に中世の母子像を紹介した際、子供のキリストが小さな大人として描かれていたことを思い出して下さい。このため、ルソーは「子供時代」の発見者として評価されています。そして、生まれながらにして持っている「善」を保つように教育がなされるので、自然主義に基づいていることが分かります。

　しかし、生まれながらにして「善」というのは、キリスト教の教義に反します。なぜなら、以前にアダムとイブの話を紹介しましたが、人間は生まれながらにして「原罪」を背負った「悪」の状態にあると考えるからです。これに対してルソーが真逆の「善」であると唱えたため、当時の権力者からにらまれるのは当然といえます。

　それでは『エミール』から特徴的な教育論を拾っていきます。

②身体能力（技能・五感）の強化

　ルソーは、体のあらゆる部分を用いて身体の育成をすべきと考えています。例えば、当時は赤ん坊が動き回って怪我をしないよう、布でぐるぐる巻きにして動けないようにする「おくるみ」という慣習がありました。これを血液や体液の循環を悪くするという生理学的な観点から批判し、とにかく活動させ、いろんな技能を身に付けさせるようにルソーは要請しています。

　また、身体技能のみならず、五感（視覚・聴覚・嗅覚・味覚・触覚）などの感覚訓練を重視するという特徴が認められます。感覚は知識の素材をもたらすため、感覚が鈍っていると正しい知識を得ることができません。例えば、見ただけで正しい距離感を得させる練習を行い、「視覚の物差し」という目測の能力の育成を試みています。今日の「体育」の授業では五感の育成を行うことはありませんが、ルソーの影響を受けた体操家のグーツ・ムーツ（Johann Christoph Friedrich GutsMuths）は、聴覚・嗅覚・味覚などの感覚訓練を行っています。

　このような感覚訓練を行ったエミールに対し、将来においてある職業に就いて欲しいとルソーは期待しています。その職業は今日の私たちには想像が付きにくいと思います。後のフランス革命に影響を与えた論客のルソーなので、政治家や学者などを期待したと思ったのではないでしょうか。しかし、職業としては「指物師」を望んでいます。指物師とはタンスなど、板を合わせて家具の作成を行う職人です。この答えを知った際、私としては、私の伯父が指物師で柔和な人柄だったため、革命家とはほど遠く、ルソーの期待が意外に感じられました。しかし、鍛えられた五感を十分に活用できる職業であることがとてもよく分かります。

③相手を支配するための「欲求」の抑制

　赤ん坊が飢えで泣くということは自然の「欲求であり、この場合は問題ありません。自分で食料を補給することができないので、その欲求を満たしてあげられるように補助するのは当然といえます。ただし、当時は新生児用の人工乳（粉ミルクなど）が無い時代なので、母乳の出が悪い場合、乳母に助けを求める必要がありました。特に上流階級の場合、母親が自らの母乳で育成するのではなく、乳母が代理で行うのが一般的でした。この慣習をルソーは批判しています。なぜな

ら、子供は乳母を信頼するようになり、母親への尊敬の念が薄れて家庭の崩壊につながるからです。母親が母乳で育ててこそ、親子のみならず、夫婦のきずなも固くなり、安定した家庭生活が築けるとルソーは述べています。

　ルソーが注意すべき「欲求」としてあげているのは、自分に注意を引こうとして泣くことです。この点は空腹などによる自然の「欲求」とは異なり、自己中心的なわがままに基づいており、自分の下へ来るように親に命令しているので、相手を支配するための「欲求」となります。この欲求に親が答えてしまうと、自然に基づかない人為的な性格形成となり、自分のわがままを聞くのが当然と考えるモンスターを作り上げてしまうのです。このため、ルソーはそういった欲求を抑制すべく、泣いても無視して相手にしないように注意を促しています。

　私の場合、恥ずかしながら赤ん坊が泣きだした瞬間にパニックとなり、自然の欲求なのか、支配の欲求なのか、考える余裕などありませんでした。とにかく泣き出すと飛んでいってミルクなのかおしめなのか、うろたえました。この姿をルソーが見たら、父親失格と怒ったことでしょう。しかし、支配の欲求に対して無視するという対処は今日、発達障害が持つ人々への指導法で見かけるように、必要とされています。「好ましい行動」を褒め、「好ましくない行動」を無視し、「危険な行動」には警告を与えるという3原則です。「好ましくない行動」に対して口出しすると「興味を引けた」と喜んで同じ行動を繰り返すため、無視することで関心の無いそぶりを見せる必要があるのです。このような興味を引こうとする行動が繰り返されると周りの人はうんざりし、距離を置くようになります。そして、頼れる人がいなくなり孤立します。無視するという指導法は無慈悲のようでかなりの根気を必要としますが、その人の将来を考えた場合、必要不可欠な指導法の一つと感じます。

④物理的な力（自然）の活用

　自然を重視するルソーは、物理的な自然の力を利用しての教育を推奨します。例えば、子供がわがままでガラスを割ってしまった場合、私なら叱って同じことを繰り返さないよう言い聞かせるでしょう。しかし、そのような場合にルソーは、子供に一言もしゃべってはいけないと述べています。なぜなら、割れた窓から冷たい風が入ってくるなど、物理的な現象から割ったら不便なことに気付き、子供

は反省するようになるからです。その反省した様子を確認できたら、再び黙って
ガラスを直してあげるのだそうです。

　しかし、この指導法を「ただ黙るだけ」と鵜呑みにすると、危険な場合があり
ます。学生から聞いた話ですが、ある母親が子供に文字の練習をさせている際、
上手に書けていない紙を黙って破り捨て、意図していることを達成するまで黙っ
て破り続けるのをテレビで見たそうです。この場合、ただ黙っている点が共通し
ているだけで、自然の力が利用されていません。ルソーは文字の学習について大
事なのは「学びたい気持ちだ」と述べています。この気持ちが芽生えるには例えば、
両親や友人からの手紙が来た際、早く内容を知りたいが、読んでくれる人が近く
にいないと「自分で読めたら」という気持ちに自然となると述べています。また、
15歳になるまで、読み書きができなくてもたいしたことではない、とも述べて
います。なぜなら、無理して文字を教えることで、読んだり書いたりすることを
嫌いになる方が困るからです。ここでも積極的な介入よりも、消極的な方法を推
奨していることが分かります。入試のための促成栽培よりも、大器晩成という観
点が不可欠なのだと思います。

⑤下心や邪心からの教育の否定

　ルソーの場合、不自然さを排除する点が徹底されています。例えば、子供から
喜ばれたり、感謝されたりすることを期待して教育してはならず、それを期待す
ることは不自然である、とルソーは述べています。この点を最初に読んだ際、私
はとても不思議に感じました。なぜなら、感謝されることで教育者側は苦労が報
われたと感じ、さらに頑張ろうと思えるからです。しかし、ルソーによるとそれ
は下心や邪心からの不自然な教育であり、子供から恩恵も感謝も入り込まないよ
うに振る舞うことを要請しています。感謝されるのを期待すると、子供に伝えづ
らいことを飲み込んでしまうなど、教育の機会を失いかねません。この場合、子
供にとって本当に必要な手立てが見えなくなり、自己満足に止まる教育になるの
だと思います。ただし、感謝を拒否するのではなく、相手から勝手に感謝される
のはかまわないのだと思います。教育者側の欲望を満たすために子供が餌食にな
るのでは困ります。極端な例ですが、今日、性的な欲望を満たすために子供が犠
牲になるニュースが散見されます。

　不自然さを排除するさらなる例として、教育者側は「権威」として怒るのではなく、子供に不足する「能力の補助者」として振る舞うべき、と述べられている点も参考になります。上から目線が身についてしまうと、自然の力を利用することが難しくなるのだと思います。

⑥書物は『ロビンソン・クルーソー』以外、排除

　ルソーは文字を覚えることは必要であるが、子供に書物を与えるべきではないと述べています。私たちは一般的に子供には寓話を読み聞かせたりしますが、ルソーは書物を子供に「最大の不幸をもたらす道具」と見なしています。この理由は 12 歳までの子供は一般的にまだ「理性の眠りの時期」であり、大人は理解できても、子供は作者の意図を受け取れなかったり、誤解したりする場合があるからです。狡猾な狐など、他の動物を用いて人間の愚かさを述べているにもかかわらず、知恵を働かせて得をしたと誤解があったりすることで、子供がよからぬことを考えるようになるのを恐れているのです。

　しかし、どうしても書物が必要という場合、ただ 1 冊だけ推薦できるものがあるとルソーは述べています。それはルソーの思い描く自然主義の教育が語られており、エミールが読む初めての本になるのだそうです。その本とはアリストテレスなどの高尚な書物ではなく、『ロビンソン・クルーソー』という冒険物語です。遭難して無人の孤島に流れ着いた主人公が仲間の助けを借りることなく、どんな技術や道具も持たず、自分の身を守っていき、最後には救出される物語です。この物語が主体的に学ぶ意思を形成し、自分で自分の用を足すという自主性を読むだけで形成できる優れものだそうです。

　この話を聞いて、私が小学生の時の思い出深い寓話を思い出しました。国語の時間だと思いますが、先生が時々、少しずつ読み聞かせてくれました。不思議な椅子が、椅子の持ち主がいないと歩き回り、その話が原子爆弾につながる、というあらすじでした。私は国語の授業よりもその話が気になり、いつ続きを読んでくれるのか、先生に催促した記憶があります。それは『ふたりのイーダ』（松谷みよ子）という作品で、作者は推理小説風にすることで、原子爆弾への関心を喚起させる狙いがあったようです。この狙いを知り、私は愕然としました。利発な子供なら原子爆弾への関心を募らせるところですが、小学生の私はルソーが警告

した通り、作者の意図を受け取ることができず、推理小説で『アルセーヌ・ルパン』（モーリス・ルブラン）のシリーズを読むようになりました。しかし、『ふたりのイーダ』が全く無駄になったとは思っておらず、原子爆弾を扱った漫画『はだしのゲン』（中沢啓治）も読みました。このため、教育者はむしろルソーのように何か一冊、推薦できる図書を持っている必要があると感じます。私の息子によると、小学生の頃に私から『蜘蛛の糸』（芥川龍之介）を読むように勧められたそうです。すぐに読める短い寓話ではありますが、子供にではなく、大人になってからこそ読むべき内容と今は感じており、授業内で大学生に勧めています。

⑦有用性の原則

　ルソーは教育上、子供にとっての「有用性（役に立つこと）」を考慮すべきと主張しています。例えば、子供からなぜ勉強しなければならないのか、と問われた場合、私たちは「将来に役立つから」や「あなた自身のためです」と答える場合が多いと思われます。しかし、その答えをルソーは子供を欺いているに過ぎず、大人にとっての有用性を前提にした受け答えであると批判しています。子供を思い通りに従わせたいため、子供が望まない、もしくは理解できない多くのことを詰め込んでいるのであり、また、大人が知っていなければならないことの全てを子供が学ぶ必要があるのか、とも述べています。

　しかし、子供の能力を超えた観念について、子供が質問してくる場合もあります。その時には「それは何の役に立つのですか」と答え、質問を諦めさせる必要があると述べています。ただし、この答え方には落とし穴があり、逆に教育者が何か提案すると、子供は同じ様に「それは何の役に立つのですか」と返してくるようになるのだそうです。この場合、子供が理解できる答えを用意できるならその有用性を説明してもかまわないのですが、やはり超えると判断される場合は無理には答えるべきではないのだそうです。子供の理解力が増すまで待つべきであり、今は答えられないことを教育者が謝るべきだとルソーは考えています。私が幼い頃の話ですが、親戚の兄から「地球と太陽はどちらが大きいか」と質問され、私は「地球」と答えました。しかし、間違っていると指摘されたので、その理由を質問した所、大人になったら答えが分かると言われた記憶があります。実際に今ならその理由が分かるので、年齢を重ねることで理解できるようになることが

あるのです。とにかく、ルソーの場合、教育者が権威として振る舞うのではなく、教育者が子供に謝るというやり取りこそ、子供から「信頼」を得る鍵となるのだそうです。すなわち、有用性の原則を成り立たせるにはその根底に信頼関係が不可欠と考えられているのです。

　本来は教育者が提案するのではなく、子供の方で要求し、探究し、発見するのがルソー流のやり方です。例えば、太陽の運動と方向について教えようとした際、子供から何の役に立つのかと質問された場合、その話を止めてかまわないと述べています。なぜなら、いつかその有用性を分からせる機会が来るからです。その機会とは「実物・現実（Les choses）」に出会った際だと強調されています。森で散歩している際に道に迷ったら、どのように帰ったら良いか分からず不安になります。そこで、太陽の位置から方角を見い出すことで助かることを悟らせれば、その有用性に気付くからです。この「実物・現実」の体験が生涯にわたって忘れがたいものにさせるのです。

　この有用性の原則は大人同士の場合、重要性を増すように私は感じます。理性が発達している大人同士では有用か不要かは容易に判断できるはずです。しかし、信頼関係がない場合、分かっていても理解できないふりをするのを見たことがあります。相手を見下し、権威として振る舞っていたので、信頼を失ったのだと思います。

⑧客観的な視点の獲得

　最初に述べたように、ルソーは、人間が生まれ持った善という自然状態を守るため、エミールを悪の根源である社会から隔絶して育てていきます。この点はフィクションではありますが、このままではエミールが自己中心的な存在になってしまうのではないかと、私は心配になりました。

　しかし、ルソーは、思春期に入ったエミールにソフィーという少女を紹介します。このことでエミールはソフィーに恋心を抱き、異性への欲望を感じるようになります。このような欲望については宗教上、競争・嫉妬・対立を生むので抑制すべき対象として否定的に扱われていました。これに対してルソーは、性が自然に基づく身体的存在であり、それに基づく欲望が人間を道徳的精神的な存在に導く手がかりになるとして、肯定的に扱います。エミールにとって、異性が現れ

る前は絶対的自己愛しか認められないのですが、その自己愛が異性への目覚めによって相対的自己愛へと変わるというのです。なぜなら、相手から愛されるには、異性の側から自分を見たらどのように映るのだろうという客観的な視点が必要となるからです。また、このように客観的な視点が得られると、以前とは異なり、多くの書物による知識の獲得と想像力の強化が必要になると述べられています。

2）ペスタロッチ（Pestalozzi, J.H.）

　ペスタロッチはスイスの教育者です。岩波文庫から『隠者の夕暮・シュタンツだより』が出版されており、とても薄い本ですが、ペスタロッチの初期の教育観を学べる良書です。『隠者の夕暮』（1780年）では冒頭で「王座の上にあっても木の葉の屋根の蔭に住まっても同じ人間」と人間の平等が述べられており、『シュタンツだより』（1799年）では戦争孤児や貧しい家庭の子供たちのため、スイスのシュタンツ（Stans）に学校を建てて行った日々の実践が報告されています。この報告には子供たちと寝食を共に過ごすことで「わたしは彼らとともに泣き、彼らとともに笑った。」などの記述が各所にあるので、子供たちと同じ気持ちでいることの大切さが伝わってきます。後年、そのシュタンツでの様子が絵に描かれているので紹介します。

　左側のアンカー（Albert Anker）による絵画はチューリッヒ美術館（Kunsthaus

左、アンカー：シュタンツのペスタロッチと孤児 (スイス：チューリッヒ)
右、グローブ：シュタンツのペスタロッチ (スイス：バーゼル)

Zürich）で常設展示されています。この美術館はペスタロッチの生家を取り壊した跡地に建設されています。生家を残してほしかった私としては残念でなりませんが、せめて絵画だけでも見られたらと思い、広い美術館を探し回りました。この際、各展示室をくぐり抜けていると突然、その絵画が目の前に現れた時、感動のあまりに声を上げました。近づいてみると、右下に描かれている子供がペスタロッチにすがって見上げています。子供たちに頼りにされている様子が感じ取れる印象的な絵画です。

　この他にグローブ（Konrad Grob）による絵画がバーゼル市立美術館（Oeffentliche Kunstsammlung Kunstmuseum Basel）にあります。受付でペスタロッチの絵画はどこに掲げられているかを尋ねると、現在、展示されている中には無く、さらに、ペスタロッチの名前自体を知らないことに衝撃を受けました。スタッフに日本人がいたので色々と尽力してくれたのですが、多くの絵画を所蔵しているため、すぐに特定するのが困難であるとのことでした。バーゼルではペスタロッチが活躍した史跡が無いため、同じスイスでもチューリッヒとは知名度に差のあることが分かりました。

　この二つの絵画のタイトルは似ており、研究論文を読む際に混乱することがあるかもしれません。しかし、アンカーのタイトルにある「孤児」を右下の子供と考えるようにしたら、私の場合、問題が解決したのでお勧めです。

　ペスタロッチの主著はなんといっても 1801 年の "Wie Gertrud ihre Kinder lehrt" です。これは実践の報告ではなく、理論書です。ドイツ語を直訳すると『どのようにゲルトルートは彼女の子供たちを教えているのか』ですが、出版されている翻訳書を見ると、『ゲルトルートはいかにしてその子を教うるか』（長田新訳）や『ゲルトルート児童教育法』（長尾十三二・福田弘訳）などがあり、定まった書名の無いのが現状です。そこで、今後は書名を『ゲルトルート』と省略します。この『ゲルトルート』以前に『リーンハルトとゲルトルート』（1781-87 年）という小説が 4 巻あるので混同しないようにお願いします。父親と母親の名前が小説のタイトルとなっており、ペスタロッチを有名にした著書の一つです。

　ゲルトルートとはドイツ南部やスイスで多い女性の名前で、日本でいうと花子さんのイメージでしょうか。すなわち、ペスタロッチは花子さんという一般的な

名前を用い、架空の母親を主人公とすることで、広く一般民衆に実践してほしい基礎教育を述べようとしているのです。ただし、母親だけに教育を任せようとしているのではなく、子供に対する細やかな目線と愛情とを手本として、男女を問わず、人間一般における基礎教育が述べられているのです。ペスタロッチの妻アンナ（Anna）の影響が大きく、以前にペスタロッチにおける「教育愛」ということを述べましたが、私も自分のかみさんの姿を見ているので、ペスタロッチの気持ちが理解できます。ところで、愛は感情に関わるので、『シュタンツだより』で触れられているのですが、ペスタロッチは、子供たちの悪さに対して感情的になることがあります。しかし、その場面から理解されるのは、お互いの「信頼と愛着」の大切さです。それに成功すれば「他の一切はきっと自然に得られる」とペスタロッチは述べています。両親による幼児虐待のニュースを見かけますが、この場合は子供を単なる「所有物」として扱っているのだと思います。家庭や学校や職場でも、年齢に関わりなく大切にすべき根本がペスタロッチの実践から学べるのです。

①教育目的：「知性教育」「徳性教育」「身体教育」の三区分

　哲学的な理論書の一つである『ゲルトルート』では、知・徳・体の三つの教育の必要性が述べられています。この三つはペスタロッチの最後の著作と言われる1826年の『白鳥の歌』まで続きます。白鳥は死ぬ間際に一声泣くという言い伝えがあり、ペスタロッチは1827年に亡くなるので、死期を意識した著作であることが分かります。

　写真は私が写したペスタロッチの墓石です。どれが墓石かお分かりになるでしょうか。実は写真を撮った私自身が驚いたのですが、4階建ての建物が小学校で、その建物全体が墓石なのです。スイスのビルル（Birr）駅で下車し、地図を見ながらこの付近のはずとキョロキョロ見回した

ペスタロッチの墓石

のですが、見付かりません。そこで、前から歩いてきた人に墓石を尋ねると、あなたの後ろの建物ですと言われ、振り向いたらその大きさに驚き、目を見張りました。本で墓石の写真は見たことがあったのですが、近づいて撮られた写真なので、大きさが分からなかったのです。さらに、前に述べましたが、この小学校に隣接した教会の壁にはペスタロッチの研究で有名な長田新の墓があります。両先生に感謝の意を述べ、今後の研究の発展をお祈りしました。

　前回の講義では『白鳥の歌』の出版年を調べるよう、宿題を出したと思います。そこで、全ての意見を総合すると「1825年」と「1826年」との二つの報告がなされます。1826年が正しいのですが、ネット上では間違った情報も掲載されているようです。学生がレポートの際によく活用する「ウィキペディア」というネット上の辞書で「ヨハン・ハインリヒ・ペスタロッチ」を見ると、現在の所、同一画面上で二つの出版年が記載されています。これは致し方ないことで、「誰でも編集できるフリー百科事典」なので、自由度が高く、膨大な項目が次々と作成される画期的な辞書ですが、「ほぼ全てがボランティア」で管理運営が行われているため、管理運営する側には限界があって責められません。そこで、私は学生にネット上の情報の8割を疑うよう指導しています。しかし、8割というのは私の認識不足で、恐ろしい話ですが、限りなく10割に近いのかもしれず、私たちは日常的に偽りの情報に左右されているのかもしれません。この場合、自分の思い込みという主観に頼るのではなく、情報を常に疑問視して、客観的な事実を積み重ねる必要があります。

　ところで、『オックスフォード英語辞典』(Oxford English Dictionary) によると、"physical education" という言葉の初出は1748年となっています。しかも、1719年のフランスで出版された著書にある "éducation physique" の翻訳とあります。すなわち、英語が最初ではなく、フランス語が由来となっているのです。この辞典は今日、オンラインで提供されていますが、紙媒体で刊行されていた当時の巻数は20巻に及びます。一般の英語辞書とは異なり、単語の初出や意味の歴史的変遷が示されているので、歴史研究者にとって欠かすことの出来ない資料です。ところで、この特殊な辞典が誕生する秘話を映画で見ることができます。メル・ギブソン（Mel Gibson）やショーン・ペン（Sean Penn）などの著名な俳

優が出演している『博士と狂人』（2019 年公開）で、題名から未だかつてない
ただならぬ辞典ということが推測できると思います。次に、フランスの国立図書
館のカタログを調べると、1700 年代から "éducation physique" に関する著書が
出版されています。そして、その内容を見ると、身体面の育成を目的とした教育
が述べられているので、目的論的概念に基づく身体のための教育（身体教育）を
意味しています。特に印象的なのが、今日の医学書のような内容であり、スポー
ツ技術の向上については触れられていない点です。まさに教育生理学といえる内
容となっています。

　教育を知・徳・体の三つに分ける考え方は、1801 年の『ゲルトルート』以前
から一般的に使用されています。しかし、ペスタロッチの場合は以前のものと
は異なります。今日、ペスタロッチに関する解説書を読むと「三つの H」と説明
されているのをよく見かけます。これらは Head（頭）、Heart（心）、Hand（手）
の三つの頭文字を意味しており、これらは知・徳・体ともいえます。しかし、
ペスタロッチ以外でそれらの H を見かけることはないので、彼の独自性が理解
されると思います。詳しいことは後に述べますが、1803 年には "intellectuelle
Elementarbildung"・"sittliche Elementarbildung"・"phüsische Elementarbildung"
という言葉が用いられています。これらのドイツ語は英語で "intellectual
education"・"moral education"・"physical education"、日本語で「知育」・「徳育」・「体
育」と訳せます。しかし、ペスタロッチの特長を分かり易くするため、今後は彼
の場合だけ「知性教育」「徳性教育」「身体教育」という言葉を用いて区別します。

②目的の原則と手段の原則

　教育実践を述べた著書とは異なり、ペスタロッチによる哲学的な理論書は難解
である、と評されるのを見かけます。例えば、「知性教育」の中で身体の育成も
扱われていたり、逆に「身体教育」の中で精神の育成も扱われていたりします。
このため、知・徳・体の境界が曖昧に感じられ、精神と身体とが混同されている
と評する研究者もいます。

　しかし、ペスタロッチの著書を読むにはコツがあります。それは、一つの「言葉」
に二つの「概念（考え方・言葉の意味）」が存在する、ということです。このこ
とを知っていれば混乱することなく、とても読みやすくなるのです。そこでまず、

「言葉」と「概念」との関係について説明します。「言葉」は書くことや活字によって目に見えますが、「概念」はその活字を見ることで頭に思い浮かぶ考え方や意味なので、目に見えません。具体的な例としては私の場合、“Made in Japan”という言葉を取り上げます。この言葉は家電や電子機器で見かけると思いますが、同じ “Made in Japan” という「言葉」でも時代によって「概念」が異なるのです。例えば、戦前において真空管ラジオに “Made in Japan” と書かれてあると、欧米人は「安っぽい」とか「壊れやすい」と考えたそうです。しかし、戦後には日本製のトランジスタラジオが世界中で売れたことで、「品質の良い」や「高性能」など、その概念は180度変わります。すなわち、“Made in Japan” という「言葉」は戦前も戦後も使用されているのですが、その「概念」は異なるのです。したがって、「言葉（目に見えるもの）」と「概念（目に見えないもの）」とが協同することで各時代の会話は成り立っている、ということが分かります。

　そこで、ペスタロッチの場合を考えると、教育上、知・徳・体の三つの育成が目的とされています。このように教育目的を三つと考えている点では、それ以前の教育理論と相違ありません。しかし、ペスタロッチの特徴は知・徳・体の各側面の育成に止まりません。例えば、国語などの知の育成を行っている際に、その手段として用いる教材（例えば教科書）において道徳や身体の健康などを取り上げることで、知性の他に、徳性や身体の育成とも結び付けるように行います。すなわち、どの教育においても、常に知・徳・体の育成が考慮されているのです。そして、概念としては、次の二つの原則に基づいていることが明らかとなります。第一には知・徳・体の三つを<u>教育目的</u>としている点が「<u>目的の原則</u>」、第二に教材などの教育手段を用いて（もしくは、通して）その他の育成にも結び付けている点が「<u>手段の原則</u>」です。すなわち、哲学的な言葉を用いると、「目的論的概念」と「方法論的概念」との二つの観点から教育が述べられているのです。

　話が抽象的すぎて分かりづらいと思いますので、知・徳・体の各教育に関する具体的な例を示したいと思います。

　③「**知性教育**」

　この言葉の概念は、第一に「目的の原則」に基づいた「知性の育成を目的とした教育」です。今日の解説書ではよく「直観教授法」として紹介されます。前に

コメニウスの中で簡単に説明しましたが、「直に観る」という知覚を重視します。しかし、コメニウスとは異なり、聖書にある神のような抽象的な概念を育成するのではなく、「数・形・語」について学ぶのです。「合自然的」と言われるように、目の前にある自然を分析して名称を与えて言葉で説明するという、科学的な観点に基づいています。

　特にペスタロッチの特徴として、「直観のABC」という特殊な分析法が用いられます。「ABC」は日本語の「いろは」のことなので、最初に習う初歩や基本を意味します。その初歩とは「形（正方形）」のことで、物を見た際、網目状に正方形のマス目に区分し、実物の形がマス目と比べてどれだけズレているか、曲がっているかを比較することで分析を進めます。当時の絵を描く際の技術として、まずキャンバスに縦横の線をいくつも引いて正方形のマス目を描いた後に、その上に風景のデッサンをするという方法があったようですが、正方形は物を正確に見極める基礎と考えられているのです。今日的なイメージとしては、カメラで撮影をする際にどのように画面を切り取ったら良いか思案すると思いますが、その画面にさらにマス目を当てはめて分割しているという感じでしょうか。

　この独特な分析方法を今日の解説書では「メトーデ（die Methode）」と表現して他の教育方法と区別しています。実はドイツ語の「メトーデ」は英語の“method”なので、特にペスタロッチの方法だけを指し示す言葉ではありません。教育学を学ぶ際、「メトーデ」というとペスタロッチのことを指すので、教育学における彼の功績の偉大さが分かると思います。しかし、ペスタロッチの言う通りに物を見ると、全ての物が正方形に見えてしまうと批判する者も現れます。この批判はペスタロッチの意図を誤解しているに過ぎないのですが、教育手段としては今日において忘れ去られている状況です。また、今日の解説書で「直観のABC」が「数・形・語」の三つであると述べられている場合がありますが、ペスタロッチの著書を詳細に読むと「形」だけを指しているので注意が必要です。

　そして、第二の「手段の原則」に基づいた概念も認められます。知性に関する教育手段として「数・形・語」が取り上げられていますが、「語」の教育を行う際、節制や規則正しさの徳性、体の器官や健康などの身体のように、知性教育の中で徳性・身体に関わる例文が取り上げられてます。例えば、最初は簡単な文型で「私

は…だろうから始まり、最後には複雑な文型で「私はさんざん病気で苦しんだが、きっと極度の節制と、規則正しさとによって自分の健康を維持することができるだろうに発展させるのです。これによって、言語に関する知的な育成のみならず、その成果が徳性や身体の育成にも及ぶように考えられているのです。そして、先程の「形」において幾何学的な図を描く際にも、手を用いて描くという身体的な技能の育成も意識的に行われています。今日の場合、鉛筆でノートに書くことを身体の育成と意識することはないと思います。しかし、ペスタロッチは「知性教育」を行っている際に身体の育成、すなわち手（Hand）で何か作業させることも重視しているのです。

　以上をまとめると、「知性教育」という言葉には下記の二つの概念が認められます。

　　1．知性の育成を目的とした教育（目的の原則）

　　2．知性教育で用いた教材を手段とした徳性・身体の育成（手段の原則）

　したがって、「知性教育」という言葉の下で、知性のみならず、徳性と身体の育成にも言及されているのです。

　④「**身体教育**」

　この言葉の概念は、第一に「目的の原則」に基づいた「身体の育成を目的とした教育」です。その手段としては先の「直観の ABC」のように、「技術の ABC」に基づくことが述べられています。この ABC は、子供たちが身に付けることを必要とするあらゆる技能から構成されており、例えば、打つ・運ぶ・投げる・押す・引く・回す・捩る・振り回すなどです。そして、第二の「手段の原則」に基づいて、「技術の ABC」を手段とした「生活の知恵」と「生活の徳」との育成も必要と述べられています。

　しかし、『ゲルトルート』を執筆した当時には、「技術の ABC」についてはまだ試行錯誤の段階で具体的な方法までは示されておらず、残念ながら「まだ発見されていない」と述べられています。これへの回答とされているのが 1807 年の『身体陶冶について』です。本書は、前半部でペスタロッチの「身体教育」に関する理念が述べられており、後半部で彼の弟子による「関節訓練」の具体例が示されています。この訓練は例えば、首や腕や指など、全ての関節がどのような動

きをするのかを、ひとつひとつ認識させるように行われます。このような機械的な動きについて、ペスタロッチが理想としている自然の理念とかけ離れていると批判する研究者もいます。しかし、正方形のマス目である「直観のABC」が全ての認識の基礎であるように、「技術のABC」は全ての動きの基礎として考案されています。この訓練自体は今日において顧みられていないようですが、基礎を学ぶことで難しい動きが容易になる例はスポーツにおいて見かけられます。すなわち、ペスタロッチの理念に基づき、全ての動きに通じる基礎が考案された場合、どのようなスポーツにも対応できるようになるのだと思います。私たちはそのような基礎をまだ見付けられていないので、ペスタロッチの先見性を認め、その発展に努める必要があると思います。

　この関節訓練の他に、ペスタロッチの全ての著書を見渡すと、水泳（川遊び）やスケートなど、屋外での運動も行われています。さらには言語教育での発声、数学での描画、農事（動物の飼育や植物の栽培）や家事（料理や洗濯）など、さまざまな動きの技術が取り上げられています。そして、運動に限らず、健康を維持するために衣食住の衛生や体を休めることや病気への対処など、身体の育成に関わる全てのことが取り上げられています。

　これらの教育の内、19世紀末になると、ケルシェンシュタイナー（Georg Kerschensteiner）などの教育学者によって、農事などの手作業を通して行われる部分が「労作教育」と称されるようになります。この影響から、日本の教育学者も「労作教育」を推進した一人としてペスタロッチを取り上げています。このため、ペスタロッチの「身体教育」を学びたい場合、「労作教育」にも注目する必要があります。

　以上をまとめると、「身体教育」という言葉には下記の二つの概念が認められます。

　　1．身体の育成を目的とした教育（目的の原則）
　　2．身体教育で用いた教材を手段とした知性・徳性の育成（手段の原則）

　したがって、「身体教育」という言葉の下で、身体のみならず、知性と徳性の育成にも言及されているのです。

　ところで、今後、ペスタロッチの「身体教育」と今日の「体育」との相違を比

較したいと思っています。この際に文書を簡潔に示したいので、2つの概念を「身体（目的）教育」と「身体（手段）教育」のように省略します。

⑤「徳性教育」

この言葉の概念は、第一に「目的の原則」に基づいた「徳性の育成を目的とした教育」です。特に特徴的なのは口頭で道徳を説明するのではなく、子供の「感情を喚起」することに徹することです。すなわち、相手の理性に対してではなく、感情に訴えるのです。例えば、子供が驚いたり、恐れて泣いたりした際、母親は胸に抱いたり、戯れたり、気を晴らさせたりします。それらが愛や信頼や感謝という「人間愛の芽」を芽生えさせるのです。そして、母親の愛を忍耐強く待つことで救われた経験が克己心や従順の能力を育成し、「人類愛の芽」へと拡大させるのです。神の概念についても知的に教えるのではなく、母親の信頼する神への共感から、自然に確信へと導かれるのです。私がこの文書を考えている時、車のスピーカーから「愛が分母」（佐野元春、2019 年）という曲が流れてきました。「愛が分母なら say yeah」という歌詞にペスタロッチの「徳性教育」がなるほどと思えたのを覚えています。相手から厳しいことを言われた場合でも、根底（分母）に愛があると分かれば納得できるのだと思います。私の場合、家族や先生や友人などの教えが有り難く思い出されることがあります。このため、自分の子供には、機会を見計らってからですが、私が受けた過去の教えを伝えるように努めています。人生で「親」という経験は誰しもが初めてです。このため、失敗も多く、反省の日々ですが、子供の存在は日々のエネルギーにもなると学生には伝えています。

次に、第二の「手段の原則」に基づいた概念を紹介します。徳性に関しては愛や信頼や感謝という手段が取り上げられていますが、それらは人類一般に認められる手段なためか、特に "ABC" とは述べられていません。しかし、教育者や神への愛や信頼を通して、それまで習った測定・算術や図画や事物に関する言葉、また、自身の身体への敬愛が生まれることで、それらの知性や身体を大切にしたり、さらなる育成に努めたりすることにつながります。

以上をまとめると、「徳性教育」という言葉には下記の二つの概念が認められます。

　１．徳性の育成を目的とした教育（目的の原則）

　２．徳性教育で用いた教材を手段とした知性・身体の育成（手段の原則）

　したがって、「徳性教育」という言葉の下で、徳性のみならず、知性と身体の育成にも言及されているのです。

⑥教育活動全体に認められる身体の育成

　前述のように、「身体教育」には「身体（目的）教育」と「身体（手段）教育」との二つの概念が認められます。そこで、それらの概念を今日の「体育」の概念と比較し、相違を確認したいと思います。

　ペスタロッチの「身体教育」では健康のために体を休めることも手段の一つでした。しかし、今日の「体育」は運動に関する教科目なので、授業中に睡眠していることはあり得えず、寝てないで運動しなさいと体育の先生に注意されるはずです。すなわち、ペスタロッチの「身体教育」と今日の「体育」は運動という手段を用いる点では一致する場合もあるのですが、その概念は異なるのです。先行研究によると、今日の「体育」は「運動を手段とした（もしくは、通しての）教育」（以下、「運動教育」と省略）を意味します。このため、運動という手段を用いて精神と身体とを育成するという方法論的概念に基づいています。目的論的概念に基づくペスタロッチの「身体教育」は、身体を健康にするという目的が最初にあり、その次にそれを達成する手段として運動に限らず、衣食住の衛生や休息など、さまざまな方法が選択されるのです。このように目的論的概念なので、必ず「身体（目的）教育」が先で、「身体（手段）教育」が先に来ることはありません。しかし、後のペスタロッチ主義に基づく教育学者の中には、「身体（手段）教育」の概念だけを取り上げ、"physical education" を知・徳の精神教育として扱う場合も認められます。

　また、今日の「体育」は「スポーツ」をも意味します。例えば、日本特有の祝日である「スポーツの日」は以前、「体育の日」と称されていました。この「体育の日」を英語にすると "Health and Sports Day" です。一般的に「体育」を英訳すると "physical education" となるはずですが、"Sports" が用いられています。「スポーツ」は知的なゲーム（チェスやブリッジ）も含めて「技の競い合い」を意味するので、本来は「体育」と同一視できないはずです。しかし、日本の場合、

「体育」と「スポーツ」とが混同されていることが分かります。この理由は、「体育」の手段として「スポーツ」を用いることが多く、不自然に感じられないためだと思われます。しかし、ペスタロッチの「身体教育」は体を休めることも手段の一つなので、競い合いを本質とする「スポーツ」と言い換えるのは難しいのです。

　したがって、今日の「体育」は、「身体教育」よりも手段的には狭い概念となっているのです。そして、「身体教育」は、身体的諸力の育成や健康の保持・増進と共に、知・徳の育成をも担い、また、知・徳を実践へと向かわせる原動力となっているため、ペスタロッチ教育学の構造上、不可欠なものとして位置づけられているのです。

　さらに、ペスタロッチの特徴は、身体の育成が「身体教育」に限らず、教育活動全体に位置づけられていることです。前述のように、「知性教育」と「徳性教育」とを見ても、手段の原則において身体の育成という概念が確認されます。すなわち、知・徳・体のどの教育を行っていても必ず、身体の育成が視野にあるのです。この教育理論が明治初期の日本に紹介されるのですが、この点については後に述べたいと思います。

　学習指導要領では昭和30年代以降から今日に至るまで、「総則」の2番目で道徳、3番目で体育への言及があり、それらについて教育活動全体を通じて行うように明記されています。私が学生の頃、その体育を「第3体育」と習いました。また、知・徳・体という文言も用いられています。すなわち、教科目で「体育科」があるにもかかわらず、総則で「第3体育」があるのはペスタロッチの影響と考えれば納得されると思います。

　⑦調和の原則

　ペスタロッチは基本的に人間を精神と身体との二つに分ける心身二元論に基づいています。そして、精神をさらに知・徳の二つに分けて知・徳・体の三つを異なる側面として扱っています。さらに、それらの育成は、下記の様に「目的の原則」と「手段の原則」との二つの原則に基づいています。

　1．知・徳・体のための教育（目的の原則）

　2．知・徳・体の教育で用いた教材を手段とした、他の側面の育成（手段の原則）

　このことを理解していれば、ペスタロッチの教育理論を理解することが容易に

なるのですが、なぜそのような論理構造を用いる必要があったのでしょうか。この点を解き明かすヒントとなるのが頻繁に語られる「結び付ける」と「調和」です。哲学上では人間を精神（知・徳）と身体のように二元論で考えることは可能です。このため、ペスタロッチ以前にも知・徳・体の育成を述べる教育理論は存在していました。しかし、自然の状態を考える場合、人間は本来的に一つのものとして存在しているので、知・徳・体の三つを結び付け、調和させる必要があったのです。理論に止まることなく、自然本来の人間教育を目指した成果が『ゲルトルート』に記されているのです。

　知・徳・体の三つは上下関係がなく、平等に扱われており、鼎立しています。「鼎」とは古代に用いられた煮炊きをする鍋のことで、鍋の下に三本の足が付いています。このため、三つが同等に並ぶ場合を「鼎立」、二つの場合を「並立」といいます。

　しかし、三つを調和させる際にペスタロッチは、知性と身体とを徳性に従属させると述べています。また、徳の育成が教育を行う上での「要石」であると重視しています。「要石」とは西洋建築でアーチ状に石を積み上げる時、一番てっぺんに来る真ん中の石のことです。写真は東京都中央区にある日本橋ですが、矢印の部分が要石です。この石がはまることによって全体が固定され、アーチが崩れなくなるのです。このことから、知性と身体は徳性よりも下位に位置づけられているため、鼎立しておらず、上下関係が発生していると考える研究者もいます。しかし、愛や信頼という徳性こそが調和の原則にふさわしいのであり、決して知性や身体を軽視しているのではありません。したがって、ペスタロッチは、教育を行う際には常に、性格の異なる知・徳・体の三つを鼎立させるように調和すること、もしくは精神（知・徳）と身体との二元論を克服し、一つのものとして調和させること

日本橋の要石（中央矢印の部分）

を目指しているのです。

第2節　イギリス産業革命期のベル・ランカスター法

　産業革命は1760年代からイギリスで始まったと一般的にいわれています。フランスにおいて『エミール』（1762年）が出版された頃なので、工業用機械の発明によって社会の産業構造が変わってしまうことをルソーはまだ知らずにいたはずです。エミールに指物師を目指させるルソーなので、産業革命を知った場合、人間の技術が軽視されることに不安を抱いたはずです。実際、機械に仕事を奪われた労働者が地方から都市の大規模な工場に集まり、それに伴って増加する放任された子供たちが問題とされるようになります。

　それらの子供たちに宗教と読み書きを教える団体を設立したのがベル（Andrew Bell）とランカスター（Joseph Lancaster）です。両者は多くの子供たちを集めて「一斉教授法」を行うのですが、以前にコメニウスについて述べた際、1人の教師が100人を相手にするという話をしたと思います。しかし、今回の場合、それ以上の数百人の子供たちでも相手にできるというとても特殊な教育方法であり、「モニトリアル・システム（monitorial system）」と称されています。例えば、300人の子供たちを一人で相手にするように求められたら、私達は思い悩んでしまうはずです。しかし、最初に比較的優れた子供たちを10人集めて指導し、この子

ベル・ランカスター法の例

供達を助教（monitor）として次の 10 人の子供たちに指導させます。すなわち、30 人の助教を育てれば、300 人の相手ができるのです。産業革命期に特有の効率化を求めた方法であり、今日、「ベル・ランカスター法」と称される場合もあります。

　左側の写真は壇上にいる一人の教員が説明している際、机の間を数人の助教が回って指導している様子です。また、右側の写真は助教ごとにグループを形成し、複数の子供たちを指導している様子です。この助教を活用するという方法は、今日におけるアクティブ・ラーニングを想起させます。今日の大学でも学生同士で議論し合ったり、解決方法を見出せた学生が困っている学生を助けたり、お互いに教え合ったりする主体的な学びが推奨されています。アクティブ・ラーニングの場合、教師は全体を見守るだけで授業が進行していくので、モニトリアル・システムの進化形と感じたことがあります。

　実は、ベルはペスタロッチの学校を訪れ、どちらの教育方法が有効か、議論したことがあります。結果的には両者は譲らず、物別れに終わるのですが、その後の民主化と産業革命との発展を見る時、両者の功績は大きかったことが分かります。

宿題：自分の子供・児童生徒・部下や後輩に推薦したい図書について書いてください。

　例、私は著者・『書名』を勧めたい。なぜなら…

第9章
ヘルバルト、フレーベル、デューイの教育思想

　宿題では何か一冊、推薦できる図書を考えるようにお願いしました。この他に私としては映画でも良いと感じています。推薦したい映画は沢山ありすぎて一つに絞りきれないのですが、映画からはさまざまな人生が体験され、テスト勉強からは得られないものがふんだんにあると感じます。

　今回の講義で紹介する教育学者の場合、知識の獲得よりも寧ろ、人間同士の関わりという社会性の育成に重点が置かれています。

第1節　ヘルバルト（Johann Friedrich Herbart）

　ヘルバルトはドイツの哲学者・心理学者・教育学者です。貴族の子弟のために家庭教師をしている際、ペスタロッチから教育方法を学ぶため、ドイツからスイスへ渡っています。この後、ペスタロッチの教育方法を紹介すべく、『ペスタロッチの直観のABC』（1802年）などを発表します。

　しかし、ヘルバルトは、「直観のABC」をペスタロッチのような「正方形」ではなく、「三角形」とすべきと提案しています。この理由は、形の最小単位が三角形だからです。例えば、点が一つでは形になりません。点が二つだと直線となりますが、まだ形にはなりません。点が三つあるとようやく形（三角形）となります。さらに、点が四つでも形（四角形）となりますが、対角線を引くことで二つの三角形になるので、基本の最小単位は三角形であると考えられています。皆さんの場合、三角形と四角形のどちらで考える方が形を認識しやすいでしょうか。ペスタロッチの場合、リンゴの木など、自然に存在する形に正方形を当てはめて両者を比較することで、木の曲がり具合などを認識させるのですが、三角形となると想像しづらいかもしれません。

　しかし、ヘルバルトの場合、正三角形や直角三角形など、形の定まった三角形

を当てはめようとしているのではありません。例えば、夜空の星を星座のように結ぶと、ゆがんだ四角形となったりします。それらを三角形に分けることで、異なる三角形が二つ現れます。このように、任意の点を結んでいくことで、その形特有の三角形が色々と発見でき、それらを比較することで形の特徴を認識させるのです。ただし、ヘルバルトは、形を認識する正確さをペスタロッチと競い合っているというよりも、形に「注意」することで、知識のみならず、気付きに従う態度、熟慮された行為、慎重に選ぶ態度など、「道徳性」につなげたいと考えています。

　1806年には『一般教育学』を出版しますが、この著書が世界初の科学的な教育学書といわれています。この理由は、目次の構成を見ると分かるのですが、教育の目的から始まり、次に教育方法が述べられているように、教育学全般が段階的に記述されているため、学問全体が見渡しやすいように論理的で体系的になるよう、組み立てられているからです。これ以前の教育学書は、例えばルソーの『エミール』が小説であり、ペスタロッチの『ゲルトルート』が手紙文なので、文書の全体から彼らの学問体系を類推する必要があるのです。

　それでは、ヘルバルトによる教育学の特徴を見ていきます。

1）教育的タクト

　タクト（Takt）とは交響曲などで指揮者が手にする棒ですが、この棒の拍子に基づいて全体の楽器が調和的に流れます。このイメージの様に、教育に際しても教育者が子供たちを上手にリードすることで、教育がスムーズに行われるコツを「教育的タクト」といいます。この拍子はベテランの教育者ほどうまく振ることができるのですが、自己中心的ではなく、全体への気遣い方が大切となります。ペスタロッチも断片的にタクトに言及する場合があるのですが、ヘルバルトの教育学では中心課題となっており、新任の教育者でもタクトを会得できることが『一般教育学』において目標とされています。

2）教育目的：道徳的品性の陶冶

　ヘルバルトについては以前に簡単に説明したのですが、おさらいをすると、

教育目的を精神面に限定し、特に「道徳的品性の陶冶（道徳的な性格形成）」を唯一の目的と定めています。ヘルバルトによると、子供は道徳性を備えていない状態、と考えられています。今日でもいじめの問題などが散見されますが、その解決策として道徳的な性格形成を目指すのです。したがって、陶冶主義に基づいていることが分かります。

　この教育学の基礎として、教育目的を倫理学に、教育方法を心理学に求めています。したがって、精神面だけが教育目的として取り上げられており、身体面に関しては陶冶（教育）の対象外と見なされています。すなわち、ペスタロッチの「身体教育」という概念が否定されているのです。そして、身体の育成や健康に関しては教育学の問題ではなく、医学の問題であり、医者に任せるべきと考えられています。

　したがって、ヘルバルトは健康な子どもを前提にして、教育学を組み立てているのです。

　ちなみに、ヘルバルトは教育学だけでなく、心理学の歴史上でも有名で、精神分析学の創始者であるフロイト（Sigmund Freud）以前に「無意識」の概念を提唱したと評価されています。しかし、ヘルバルトの心理学は数式で説明されており、残念ながら私には読解不可能なので、理系の学生に期待したいと思います。

3）教育方法：「管理・教授・訓練」の三区分

　ヘルバルトは教育方法を三つに区分しています。最初の「管理」は教育を行う以前の段階、すなわち教育を行うための準備について述べられており、次の「教授」と「訓練」が本来の教育とされています。

　①「管理」

　教育を行うための準備としてヘルバルトは、教育者と被教育者との間に良好な関係を築く必要があると述べています。その例として、家庭における父性的な権威と母性的な愛があげられています。当時のドイツにおける家父長制がイメージの基となってはいますが、権威は道徳性に優れたものとして方向性を示し、愛は安心感を与えます。この「権威と愛」の他にヘルバルトは「信頼と愛」とも述べています。このように、教育以前の段階を設定したことは新しく、この点がない

と教育に進むことが出来ないという指摘は納得されるのではないでしょうか。家庭教師をしていたヘルバルトにとって、子供たちに教育を施す以前に、子供たちの両親と同じような関係作りが必要と感じていたのだと思います。ただし、「管理」の段階では単に被教育者との間に秩序を作り出そうとするだけであり、道徳的品性の陶冶については、次の「教授」と「訓練」において行われるとされています。

　さらに、「管理」では身体の健康にも触れられています。「身体教育」という概念を否定しているのに身体の健康を取り上げるのは、矛盾しているように感じられるかもしれません。しかし、「管理」は教育以前の段階なので、この段階では身体の健康に言及しても矛盾はしないのです。また、身体については、後の著書で "körperliche Pflege"（身体養護）という言葉が用いられており、教育とは区別されています。英語で示すと "physical care" です。この「養護（保護）」と「教育（育成）」との区別は、「看護師」と「医師」との相違をイメージすると理解しやすいと思います。例えば、手術に際し、手術前の準備段階で現状を維持するように看護をするのが看護師であり、手術による治療を施して回復させるのが医師というように、病院では役割分担がなされています。家庭教師の観点からヘルバルトは、健康や食事など、身体の「育成」は本来、両親の役割であり、教育者は被教育者の健康に留意するだけで良いと考えていたはずです。

　このように、ヘルバルトにとって教育者は、身体に関しては「養護（保護）」に止め、「育成」までは考える必要がないのです。この区分が今日の学校に影響しており、養護を担当するのが保健室の先生と言われる「養護教諭」で、各科目を担当する教諭とは区別されています。

　②「教授」

　教材を介して「多方興味（幅広く多くの興味）」の育成が目指されます。例えば「教育者－教材－被教育者」のように、教育者と被教育者の間に教材があるイメージです。ヘルバルトによると、子供が将来においてどのような仕事をするのか、知ることはできません。このため、教材を介して、多方興味の発展を促すのが教授なのです。

　「興味」は活動欲求を促し、「自発的な自己活動」へと導きます。すなわち「興味」が「欲望」を生み、そこから「行動」が起こり、その結果が良好であれば強

い「意志」が形成されるのです。この興味 → 欲望 → 行動 → 意志の流れを形成するためにも、教授において「多方興味」を育成することが大事になってくるのです。今日だと例えば、ゲームよりも語学や数学など、勉強への興味を喚起できたら良いと考えると思います。しかし、ヘルバルトはそれら教科目への興味よりもむしろ、教材を通して、美意識（Ästhetik）に基づく「認識（Erkenntnis）」と、宗教などの社会的秩序への「共感（Teilnahme）」との二つを、「教授」において育成すべき興味と考えています。すなわち、実質陶冶ではなく、形式陶冶に基づいていることが分かります。このため、人類や社会の幸福に役立とうとする決意と、愛や平和を求める宗教観との道徳性が育たなかった場合、教育の失敗であるとも述べられています。

　この道徳性を育てる手段として、特に有名なのが「四段階教授法」です。この教授法は、明瞭（新たに直観した対象の分析）→ 連合（新たな直観と既習の知識との結合・比較）→ 系統（新たな知識を加えての再体系化）→ 方法（学んだ結果を応用させ、身に付いているか確認）と四段階の順に進めていきます。この最終段階の「方法」にはヘルバルトの独自性が認められるのですが、学んだことを自身で応用させるという「自己活動の尊重」がこれまで行われてこなかったと、ヘルバルトは批判しています。したがって、ヘルバルトは主体性の育成を重視していることが分かります。

　この四段階の覚え方として、私は「南無妙法蓮華経（なむ みょう ほう れんげきょう）と習いました。順番は違いますが、「明瞭・方法・連合・系統」の語呂合わせです。さらに、ヘルバルトの弟子は「五段階教授法」と発展させます。例えば、弟子の一人であるライン（Wilhelm Rein）は「予備・提示・比較・概括・応用」としています。研究者によってはさまざまな訳語が用いられているようですが、私が習った時はその五つです。その際、漢字の頭文字とラインの名前を用いて「予定が all right（予：よ、提：て、比：ひ、概：が、応：おー ライン）」の語呂合わせで習いました。語呂合わせは私の記憶術に適しているようで、今でも私の中で活躍しています。この五段階教授法が日本に紹介されるのですが、日本において三段階（導入・展開・まとめ）に簡略化されます。教育実習をした際、学習指導案や教案を書いた覚えがある人は、その三つの段階を懐かしく感じるか

もしれません。このように、ヘルバルトの四段階教授法は日本の教育に影響を与え、今日でも活用されているのです。

　ところで、教育課程を述べる際、ヘルバルトは「体操」の必要性を述べています。この点について「管理」で感じた疑問が再度、浮かんだのではないでしょうか。すなわち、「身体教育」という概念を否定しているのに「体操」を取り上げるのは、矛盾していると感じられるからです。しかし、ヘルバルトは体操が教育者の号令の下、みんな一斉に同じ動きをする点に注目し、「社会性」の育成に役立つことを指摘しています。すなわち、体操は精神面の育成として取り上げられており、身体面の育成とは一言も述べられていないのです。一般的に体操を行うと、体を動かすことで身体が鍛えられ、身体の育成につながると考えられます。この点についてヘルバルトは理解していたと思いますが、身体の育成は教育学の問題ではないため、『一般教育学』では言及する必要が無いのです。

　③「訓練」

　強固な道徳性の育成を目指し、教育者が被教育者の心情に直接的に働きかける規律訓練を意味します。すなわち、「教育者－被教育者」の様に、先程の「教授」と異なって間に教材を介さない直接の指導です。例えば、子供同士のいざこざなど、「交際」に関する問題などが取り上げられているのですが、ヘルバルトは、「訓練の技術」とは「交際の技術」のことであり、その際、子供の「行動」に注意を向けなければならないと述べています。先の「教授」において形成された「興味」が「欲望」となり「行動」として現れるので、良い行いの場合は賛辞を与え、逆に非道徳的な行いがなされている場合は改善する必要があるからです。その際には、時には叱責や罰を与えるのですが、必ず信頼関係に基づくことが前提となります。もし、信頼を失った場合、「訓練」を直ちに停止し、信頼と愛を取り戻すべく「管理」に戻らなければなりません。

　「管理」・「教授」と続いて最後の「訓練」は、道徳的品性の陶冶を達成する最終段階にあります。したがって、ヘルバルトの場合、テストで点数を取るよりも、人間同士の「交際の技術」に教育の全てが方向付けられているのです。今日の学校でも大なり小なりのいざこざは絶えず、これへの対応に追われる場面も多いと思われます。しかし、現状では、進学のための受験対策を無視することはできず、

「交際の技術」を最終目標とすることは困難となります。人との「間」の取り方は、受験勉強とは直接に関係しません。実際、社会に出ると交渉ごとが増え、知識の量よりも「交際の技術」が大切と感じられます。この「交際の技術」は、後に紹介するデューイへ受け継がれて行くこととなります。

　「訓練」では「管理」の時と同様、被教育者の健康に留意しつつ、教育を行う必要性に触れられています。このため、教育生理学という分野が必要と感じられますが、ヘルバルトは心理学のみを教育学の基礎と考えています。今日の教職課程でも教育心理学の授業はあっても、教育生理学はありません。ヘルバルトに基づくと、教育生理学の内容は医学よりも寧ろ、看護学が基本となるはずで、この分野の確立が今日、急がれると感じます。子供が泣いている場合、心が傷ついたのか、体が傷ついたのか、心身両面から考えるのが一般的だと思います。ヘルバルトの教育学では、教育問題の解決に死角が生じてしまう恐れがあると感じます。

第2節　フレーベル（Friedrich Wilhelm August Frёbel）

　フレーベルはドイツの教育者で幼児教育の祖といわれています。ペスタロッチから教育方法を学ぶため、ヘルバルトと同様、ドイツからスイスへ渡っています。ドイツへの帰国後、1840年に就学前教育として幼稚園（Kindergarten：ドイツ語で「子供たちの園庭」）を設立し、その後、世界各国へ伝搬します。日本には明治初期の1876（明治9）年に東京女子師範学校の付属幼稚園として開園されます。今日のお茶の水女子大学の附属幼稚園であり、昨今に皇族で秋篠宮家の長男が入園したことで話題となっています。日本では付属幼稚園が11月16日に設立されたことから、その日が「幼稚園記念日」とされています。ちなみにフレーベルの幼稚園は6月28日に設立されています。

　主著としては『人間の教育』（1826年）があり、客観性や理性よりも主観的な感受性を重視するロマン主義に基づくと言われています。今日、日本には「フレーベル館」という出版社があるので、フレーベルの名前は聞いたことがあると思います。絵本の『あんぱんまん』や翻訳書の『ウォーリーをさがせ！』がありますが、その出版社です。

1）ロマン主義の影響

　先程、フレーベルはロマン主義に基づくと述べました。これは哲学者のシェリング（Friedrich Wilhelm Joseph von Schelling）による影響といわれています。シェリングは、カントが自然（見えるもの）と精神（見えないもの）とを区別したのに対し、それらを同一のものであるとして区別しません。しかも、自然の側である客観ではなく、精神の側である主観に重きを置きます。すなわち、私たち人間は自然界における真理を精神の内に獲得しており、このために物理学のような自然法則を見い出せるのです。さらに、徳性についても特定の宗教の力を借りることなく、例えば、芸術作品などを通して自身で認識することが可能と考えられています。このため、あたかも神の意志を待つことなく、人間自身が自力で神性を認識できるようになると考えられているのです。

　しかし、ロマン主義に基づくと、その人自身が超常現象を自然界の真理として受け入れてしまう場合もありえます。自分で幽霊のような超常現象を認識したとしても、それを他の人々に納得させるのは難しいはずです。このため、神秘主義と称されるように、神秘的な考え方に固執してしまう危険性もあるのです。私の場合、学生時代にフレーベルについて習った際、名前の響きから勝手に女性だと思い込んだことを思い出します。主観に頼ることの恐ろしさと、自身の心の内に客観性を求めることの大切さを感じます。

　自然科学が未発達だった古い時代には自然現象や徳性について、神のような全知全能者を想定しなくては説明できませんでした。そして、その神は人間を救ったり審判したりする意思を持っていると考えられていました。しかし、17世紀後半にはスピノザ（Baruch De Spinoza）のように、神は物理学のような自然法則そのもので、人間のような意思を持たない存在と定義する哲学者が現れます。当時、この定義に対しては反対者も多く、スピノザが提案する神に基づいた場合、「無神論者」と批判されてしまいます。このスピノザの神をシェリングは受け継ぎます。フレーベルもシェリングの影響から、子供の内に神性を見出し、それを育てて行くことが教育の役割と考えています。

　さらに、19世紀の後半になるとニーチェ（Friedrich Wilhelm Nietzsche）という哲学者が「神は死んだ」と宣言しています。『ツァラトゥストラはかく語りき』

という晩年の著作での宣言が有名ですが、神に頼ることなく、たとえ苦しくとも、自身の生を肯定し続けて行くという「超人」を目指すべきことが述べられています。

　過去において畏れ多い対象だった自然は、自然科学の発展によってコントロールできるようになってきています。このため、自然を人間の思い通りに改変して良いとする「おごり」にも通じてしまうのでは、と危惧されます。私にはソクラテスの「汝自身を知れ」が永遠の真理のように感じられます。是非、この機会にソクラテスの項目の再読をお願いします。

２）恩物<ruby>恩物<rt>おんぶつ</rt></ruby>を用いての教育

　それでは、フレーベルの場合、ロマン主義をどのように教育に活用したのか見て行きます。基本的には、万物の根底には真理や徳性が宿されており、それを教育者は被教育者に「予感」させ、さらに発展させることが教育であると考えられています。この「予感」という言葉をフレーベルはよく用いるのですが、予感させる手段としてフレーベルは独自に遊具を開発し、それで子供たちに遊ばせることを通して教育を進めます。その遊具はドイツ語で "Gabe" と名付けられ、これを英語に訳すと "gift" で、日本では「恩物」と称されています。「神（自然）から与えられたもの」を意味するのですが、この恩物は」今日でも先程紹介したフレーベル館で購入することが可能です。

①第一恩物

　フレーベルによると「自然界における完全なる理想形」は「球」なのだそうです。太陽や地球など、多くの星々が球形であることから、この形には何らかの物理的な真理が隠されていると考えられているのです。そこで、その立体的・空間的なものを手段として「円満な人格」を予感させるように精神化していくのです。このため、最初の「第一恩物」は毛糸などのやわらかい素材でできたボールです。この遊具を握ったり、投げて跳ね返させたり、吊るして引っ張ったり、揺らしたりして遊ばせるのですが、柔らかいために形の変化も楽しめます。この際に時計の音のように「チック、タック」や「あっち、こっち」など、教育者が単純な言葉から複雑さを増すように印象的な言葉かけをしたり、場面に合った唱歌を歌っ

たりします。このことで自然界や人間性に至るまで、究極的な真理を予感させるようにつなげていくのです。

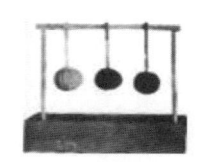
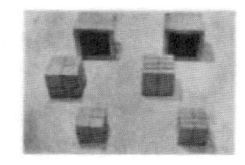
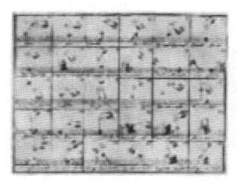

左上：第二恩物　　　右上：第一恩物
荘司雅子『写真によるフレーベルの生涯と活動』

第二恩物を模した墓

②第二恩物

　次の「第二恩物」は、木材などの堅い素材で「球」「円柱」「立方体」の三つに種類が増えます。このことで球・面・辺・角と概念が複雑になり、手に取って遊ぶことで自然界にこれらの形が含まれていることに気付かせるのです。また、それらを吊るした際、コマのように高速で回転させたりするのですが、それぞれ違った形に変化します。この形へのこだわりが大事で、そこから幾何学や物理の法則へと導き、宇宙全体が統一された理法に基づいていることを教え、その宇宙を創造した善の源である神の観念へと導くのです。

　実際に第二恩物を回転させた際、私にはその変化が面白く感じられ、フレーベルが立体的・空間的なものへ誘う意図を理解できたように感じました。特に立方体の場合、本来は四角なのに球の形に変化するのです。この変化から大げさですが、私には4次元の世界の一部分を予感したように感じられました。私たちは横・縦・奥行の3次元の世界に住んでいるため、4次元の世界を認識できません。1次元が横の直線だとすると、それを縦の方向へ移動させると横・縦の2次元で平面になり、その次が我々の住む3次元の立方体となります。この立方体を次の方

向へ移動させると4次元になるはずですが、その方向を私たちは知りません。このため、私個人の予感に過ぎませんが、立方体が球の形に変化した時には妙に感心してしまいました。

　このような「次元」の話をすると理系の学生は関心が高いようです。そこでお勧めなのがピカソ（Pablo Ruiz Picasso）などのキュビズムの絵画です。キュビズムを始めた際にピカソは、周りの人々からおかしくなったのではと心配されたそうです。しかし、数学者から高次元の着想を得た画家たちは、それまで行ってきた一つの視点からではなく、様々な視点から立方体で描くようになります。これらの絵画を見ると、4次元の世界を体感した気分になります。

　第二恩物の三つを重ねたのがフレーベルの墓として有名です。私は墓地を訪れた際に最初、その広大な敷地から本日中に探し出せるのか、不安になりました。しかし、困り切って少し歩いた途端、その特徴的な形がすぐに目に止まりました。墓碑の円柱の部分にはフレーベルによる有名な言葉で、" Kommt, lasst uns unsern Kindern leben !" と刻まれています。これを直訳すると「さあ、私たちの子供たち<u>に</u>生きましょう」です。妙な訳で申し訳ないのですが、「<u>に</u>」の部分を「のために」や「と共に」と意訳すると分かり易くなると、皆さんは感じたかもしれません。しかし、フレーベルの主著である『人間の教育』を読むと、大人が眺めたり観察しているものは死んでいる、とあります。すなわち、好奇心を失い、新たな発展を望めない大人に欠けているものを「さあ、それを、子どもたちから得ようではないか。」（荒井武訳、岩波文庫、上巻、p.119）と語られた後に、墓碑の名言が述べられています。したがって、大人に欠けていることを子供たち<u>に</u>学んだ上で、子供たちと同じ目<u>線</u>に立って探究し、子供たち<u>に</u>生涯を捧げましょう、と述べているのだと思います。私の所属する日本大学には付属幼稚園があるのですが、私が水泳や運動会の補助に行った際、先生方が子供たちに話しかけるたびにしゃがんでいました。中学と高校の教員免許を取得していた私にとって、しゃがんで話しかけるという教えを聞いたことがなく、小さな子供たちには目線を合わせることの大切さを学びました。同じ目線で子供たちに接している姿から、これがフレーベルの教えと感心したことを思い出します。

　以上のようにフレーベルは、自然を認識するために立体を用いることから始め

ます。ペスタロッチが正方形で、そこから学んだヘルバルトが三角形で、さらにフレーベルが立体とさまざまな工夫がなされています。皆さんなら何から始めたいと考えるのでしょうか。第三恩物から先は省略しますが、どのような形なのか、是非、調べてみてください。

3）運動遊戯（Bewegungsspiele）

　フレーベルは、運動を通しての教育を重視しており、それを「運動遊戯」と称しています。特にみんなで拍子を合わせ、唱歌を歌いながら行う「ダンス」が調和・節度・和合という精神性を育成し、さらに将来的には自然や芸術などの深い感受性へとつながると考えられています。また、人間の本質である「善」に基づく唱歌は、幼い段階にあったとしても高尚なものへと導き、さらに自己活動へとつながると考えられています。例えば、「子どもよまわれ！」の歌詞の一部を見ると、次のように、手をつなぎ合って輪を作るように踊り、お互いに感謝の意を示す歌になっています。

　さあみんな手をつないで　輪になってまわりましょう　でも真中はどこでしょう　それを教えてくれた人に　みんなおじぎをいたしましょう

　「輪」になって踊ることで、「和」の体感へと導いていることが分かると思います。1844 年には楽譜集である『母の歌と愛撫の歌』を出版します。この中には歌いながら指や手を動かす遊戯があり、今日の「手遊び歌」に通じるものがあります。フレーベルが作成した遊戯ではないのですが、「ひげじいさん」という手遊び歌があります。私が幼稚園の授業補助を行っていた際、先生が「とんとんとんとん」で始まる手遊び歌を園児に行いました。すると、最後に「手はお膝」で歌が終わった瞬間、園児が行儀良く先生の方を向いて次の指示を待っています。この姿を見て、よく考えられた教育方法だと感心したことを思い出します。

4）幼稚園禁止令

　フレーベルの著作では頻繁に「神」への言及がなされています。しかし、ロマン主義に基づくために「無神論」と批判されます。幼い子供には有害とされ、1851 年には幼稚園禁止令が出されます。フレーベルは政府に対し、禁止令の撤回を求める嘆願書を送りますが、聞き入れられることなく、1852 年にマリエンタールの地で亡くなります。その後、フレーベルの支援者による政府への嘆願活

動が実り、1860年には禁止令が撤回
され、今日の繁栄へとつながります。

　写真はフレーベルの臨終の館です。
私がマリエンタールを訪れた時は誰
も住んでいない様子でした。フレーベ
ルの墓から南方へ20分程、川沿いに
歩いた所にあります。多くの研究者が
訪れて手記を残しており、墓地には館
への案内板があるため、辿り着くの
は難しくありません。館の周りは人通
りが無く、とてもさみしい道沿いにあ

マリエンタール小宮殿
(Marienthaler Schlösschen)

り、フレーベルの悲しみが伝わってくるように感じられました。しかし、フレー
ベルの無念を晴らすべく頑張った支援者の姿から、フレーベルが行ってきた活動
への信頼が理解できます。

第3節　デューイ (John Dewey)

　デューイはアメリカの哲学者・教育学者です。21世紀の今日、盛んに「問題
解決学習」や「アクティブ・ラーニング」や「総合的な学習（探究）の時間など、
新しい教育方法の必要性が唱えられています。これらの源流は19世紀末のデュー
イという教育学者にあります。みなさんは何故、そんなに古いものが今頃になっ
て新しい教育方法とされているのか、不思議に感じていると思います。これから
デューイについて紹介しますが、多分、なるほどと思ってもらえるのではないで
しょうか。

　デューイは最初、シカゴ大学の哲学科の教授として赴任します。そこで、こ
れまでにない新しい教育を行うため、10数名程度の生徒からなる実験学校を
1896年に開設します。次にコロンビア大学（ニューヨーク）へ移り、自身の教
育哲学を完成させます。左側の写真はコロンビア大学の中心部にあるロウ記念
ホールです。古代ギリシャのパルテノン神殿を模した柱があり、その前に立った

コロンビア大学ロウ記念ホール
（**Low Memorial Library**）

日本大学工学部
（**左奥が最新の 70 号館**）

時、とても知的で圧倒される感じがしました。イギリスのケンブリッジ大学へ行った時には、中世の城下町に迷い込んだ感覚がありました。それらの校舎は、私の勤める日本大学工学部と比較すると、より重圧感があり、まぶしく感じられます。右側の写真は工学部で一番新しい 70 号館です。多くの授業を一つの建物で行えるように教室が整備され、最上階の 9 階には市内や山々を眺められる円形の展望台があるなど、機能性が重視されています。しかし、デザイン的には無味乾燥に感じられるので、建築学科の卒業生に将来を託したいと思います。

1）進歩主義教育（子供中心主義）

　デューイの実験学校における実践記録が『学校と社会』（1899 年）です。この中では「旧教育」を打破し、「新教育」を行う必要性を主張しています。ここでの「旧教育」とは、教師が教科書を用い、その内容を子供たちに教えるという授業形態です。この授業形態は今まさに私たちが主流として行っており、何が問題なのか、尋ねてみたくなると思います。デューイによると、それは「教師中心主義」に過ぎず、子供たちが受動的にしか学べていないのです。また、教科書の内容が大人の都合で決められており、子供たちの興味・関心に沿ったものではないのです。このため、「新教育」とは、子供たちが中心（the child centered）であり、子供たちが能動的・主体的に、生活に根ざした問題について探究する活動を重視するのです。本書でデューイは頻繁に「進歩（progress）」という言葉を

用いますが、受動的では本来の進歩が望めず、能動的・主体的な学びこそが進歩を促すと考えているのです。

　この「新教育」について『学校と社会』では、コペルニクスを例に紹介されています。本当の中心は地球ではなく太陽であり、教育の場合は「子供が太陽となる（the child becomes the sun）」と述べられています。この引用文は有名なのでよく取り上げられますが、子供を中心として、教育の諸処の営みを再考すべきと唱えられているのです。このため、デューイの教育理論は今日、「子供（もしくは、児童）中心主義」と称されています。デューイによると、これまでの学校は、生計を立てる上での読・書・算の獲得が主であり、狭い実際的な手段のみに注目されていると批判的に述べられています。これに反してデューイの学校は、子供を社会の一員に導くよう訓練し、奉仕の精神をしみこませ、有効な自己指導の諸手段を提供する場所なのです。

　以上のように、教師中心主義である「旧教育」を批判し、子供たちの生活や経験を尊重して、子供中心の立場をとる「新教育」を総称して、「進歩主義教育（progressive education）」という言葉が用いられています。

2）ヘルバルトからの影響

　デューイは全米ヘルバルト協会の理事を務めており、ヘルバルトの教育理論から多くを学んでいます。ヘルバルトといえば教育方法の基礎を心理学に置き、子供たちの「興味」の育成や、また、心理的段階に基づく四段階教授法が有名ですが、当時のアメリカではヘルバルトのように、教える内容の選択やその配列などに科学的な根拠を求める姿勢が欠けていました。ここから「単元学習」という考え方が生まれるのですが、学習内容を子供たちの「興味」に基づいて「単元（unit）」としてまとめ、ひとまとまりの経験となるように学習を進めるのです。ただし、デューイは、ヘルバルトに基づく心理学を「校長の心理学」と批判し、「子供たちの心理学」ではないと述べ、子供中心主義で「単元学習」を行うように促しています。

　「単元」は教育実習へ行った際に耳にする言葉だと思います。「単元」に基づいて指導案を作成してください、と実習先の先生に指示され、「単元って何？」と

慌てる学生がいたと聞きます。簡単にいうと教科書の目次（章・節・項）をイメージすれば良いのですが、数学の場合、例えば、大単元として「第1章　2次関数」、中単元として「第1節　2次関数のグラフ」、小単元として「第1項　y = ax² のグラフ」などです。しかし、デューイにおける「単元学習」とは今日の様に教科書に沿って教えるのではなく、子供たちの日常生活の中から素材を見付けます。すなわち、実生活で起こった問題を解決する経験を重視した教育方法なのです。問題の解決には複数の人々の見解が不可欠で、独善的（ひとりよがり）では理解を得られることが困難となります。このため、デューイの学校では子供たちが協力し合って問題の解決を目指します。ここにヘルバルトにおける「交際の技術」の実践が認められます。

　一般的には、教科書に基づく場合を「教材単元」、日常生活に基づく場合を「経験単元」と称して区別します。

3）フレーベルからの影響

　デューイが日常生活における経験を重視するのは、フレーベルの影響であると述べています。この影響に基づき、子供たちの本能的・衝動的な活動を活用し、共同的・相互扶助的な意識を形成し、成熟した社会の営為や仕事を子供の段階において再現することが目指されているのです。そこで、デューイは教材として、子供たちに最も身近である遊戯・競技・実際的な仕事・工芸・物語・絵画的想像・会話などをあげ、学校を日常生活と関連させるべきと主張します。

　一例としては、小学校で一般的に行われるボタンの縫い付けなどの「縫い物」があげられています。ただし、従来の小学校のように、縫い方が上手になるために行うのではなく、「人類の進歩の跡」をたどらせ、諸原理に対する「洞察」を得させることが目的とされています。具体的には、最初は衣服の観察を行わせ、羊毛や綿などの原料の相違に気付かせます。そこから羊毛の刈り取り、綿の採集法などに移行し、羊毛・綿の繊維の比較、羊毛・綿産業の比較（綿産業が遅れた理由などへの気づき）、羊毛を紡ぐ機械の発明など、教師の質問や暗示を手助けに、子供たち自身が調べ上げていく授業を展開します。結局、「縫い物」という課題には、歴史（収穫・加工）、化学（繊維の分析）、地理（原料の成長する諸条

件）、社会（製造・分配の流れ）、物理（機械の発明）など、全てのカリキュラム
が含まれていることとなります。

　今日、「問題解決学習」が注目されるようになっていますが、この学習は、知
識の暗記のような「受動的学習」を批判し、自ら問題を発見し、解決する能力を
身につける「能動的学習」であり、子供たちの主体性の育成が尊ばれます。この
考え方を過去にさかのぼれば、デューイに行き着くことが理解されると思います。
日本大学の教育理念は「自主創造」なので、デューイの考え方は参考になります。
また、今日において、国語や算数など、従来の教科目に加えて、「総合的な学習（探
究）の時間」が新設されています。これらの状況を踏まえると、デューイが理解
しやすくなると思います。

4）新たな学校建築の概念

　主体性を育成するため、デューイは建
築物である教室の構造にも新たな概念を
導入します。本来、教室とは机が並んで
黒板のある部屋であり、学校では教室を
中心として教育が進められると誰しもが
感じるのではないでしょうか。しかし、
『学校と社会』では写真のような概念図
が掲げられており、その中心には「図書
室」が置かれています。しかも、その周
辺には「作業室」・「織物室」・「台所」・「食
堂」があり、従来の教室らしきものが見
当たりません。また、それらの部屋には
「産業界」・「家庭」・「校庭・公園・郷土」

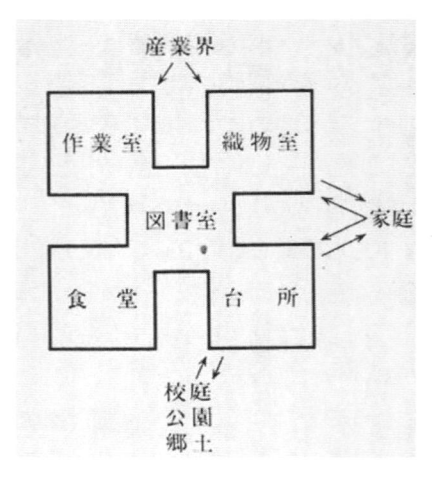

『学校と社会』第3章図3

などの外部からのベクトルが示されており、そのベクトルは逆に外部へも流れて
います。

　まず、建物の中心に図書室があるのは、子供たちが自主的に情報を集める教育
方法なので、どの教室からも最短距離で情報源に辿り着ける必要があるからです。

すなわち、子供たちが共同作業を行うための集まりやすい場所を施設の中心に置いているのです。次に従来の教室らしきものが無いのは、デューイの場合、座学よりも作業をさせることが中心のカリキュラムだからです。活動主義ともいえますが、従来の体育館（gymnasium）はなく、教室での作業を社会における「仕事」と捕らえて、教室での身体活動を促すのです。したがって、各教室も作業をする場をイメージさせるネーミングとなっています。最後に外部からのベクトルが示されていますが、学校で取り扱う内容として一般社会とのつながりのあるものを取り込み、そこで学ばれた成果が一般社会へ還元されたり、実践されたりすることが企図されているのです。

したがって、デューイは、学校と一般社会との関連を強化し、それらの融合を企図していることが分かります。

5）為すことによって学ぶ（プラグマティズム）

シカゴ大学からコロンビア大学への転職後、デューイは、教育哲学の集大成となる『民主主義と教育』（1916年）を出版します。本書は哲学書なので、教育実践を紹介した『学校と社会』よりも読みづらく感じるかもしれません。しかし、デューイの哲学大系を知るには絶好の目次構成となっています。しかもこの頃から、デューイにとって最も有名な標語である "learn by doing（為すことによって学ぶ）" が用いられています。

この標語の基となっている思想はプラグマティズム（pragmatism）です。この思想は、進化論などの自然科学が発展したことで、人間は猿の進化なのか、神が創造したのかという宗教との対立が激化した当時、異なる信念の共生を目指して、パース（Charles Sanders Peirce）やジェームズ（William James）によって始まります。人間の知性は誤り得るとして、唯一絶対の真理を求める伝統的な西洋哲学を批判し、「唯一の正しさ」を否定する所から始めるのです。唯一の正しさには到達できなくても、問題の解決に有用な「ある程度の正しさ」を求め、実践してみるのです。そして、問題が解決しなければ新たな解決策を模索します。宗教的で非科学的な見解に対しても、世界の平和やその人が救われる場合、認めるのです。日本語で「実用主義」と訳される場合が多いのもこのためです。

　「プラグマ」とはギリシャ語を由来とする「行為」を意味するので、デューイが「為すことによって学ぶ」と述べた理由もよく分かります。このため、デューイの場合、「実用主義」ではなく、「探究主義」の訳がピッタリだと感じます。デューイによると、知識は問題解決に役立つ道具、すなわち手段と考えられています。このため、「道具主義」とも称されます。従来の教師中心主義では教師主導の下、知識量の増加が目指され、それ故、知識の獲得は目的だったことと比較すると、全く異なる発想となっています。また、『民主主義と教育』という書名が示すように、教育による民主主義の発展を目指しています。選挙や投票だけに頼るのではなく、意見が異なるもの同士で対話してコミュニケーションを図り、相互理解の可能性を探るのです。すなわち、多様性の中でいかに協力し合うかが大事になるのです。

　この協力体制の下、子供たちにとっての「成長」という考え方も変わってきます。一般的には「他者」に支えられることなく、自立できることが成長と考えるはずです。デューイの場合はその逆で、「依存性（dependence）」が成長にとって欠かせないものと考えます。すなわち、「他者」を求めて支えてもらうことで、協力して生活できるようになることが成長と考えられているのです。

6）子供中心主義の普及

①受験勉強への反省

　子供中心主義なので、子供たちが気付くまで辛抱強く待つ必要があり、教師が思ったように進めることが出来ません。また、1899年の『学校と社会』では「縫い物」から原材料の羊毛や綿について「人類の進歩の跡」をたどらせていますが、今日の「テレビ」や「パソコン」などの精密機械はどうでしょうか。分解してもその内部構造は複雑で、理解させることは困難です。さらに、統一された教科書が無いため、子供たちが自主的に調べる内容と受験で必要になる内容とは必ずしも一致しません。

　明治維新以降、教師中心主義が一般化する中で、子供中心主義に転換するのは困難を極めます。しかし、後に紹介しますが、私立の学校では子供中心主義に基づいた教育を採用する場合が認められます。このように、細々ではあっても、デューイの影響は続いて行きます。そして、今日、公立の学校でも問題解決学習

やアクティブ・ラーニングや総合的学習（探究）の時間など、デューイに基づく教育方法が導入されつつあります。それまでの受動的な学習では主体性が伸びないことを反省し、能動的な学習も取り入れられるようになったのです。

　私が中学校3年生の時、水の分子記号である「H_2O」を示す際、なぜ「$2H_2O$」と最初に2を付ける場合があるのか、理科の先生が私たち生徒に質問しました。黒板に二つの円を描き、その中に水素の白い丸を二つと、酸素の赤い丸を一つ書入れさせるのです。誰も答えられず、静かにその授業は終わりました。二つの円を埋めようとすると、どうしても水素と酸素原子が足りないのです。次の授業も同じく過ぎ去り、先に進みません。これから高校受験があるのに、教科書の最後まで終えることができるのか、みんなが不安になっていました。次の授業で先生が「他のクラスで答えを出した生徒がいます」と述べました。その答えとは「H_2O だけだと、二つの円に書き示すことができない」です。最初に2を付けることで、原子の不足が解消され、二つの円が埋まるのです。目から鱗とはこのことだと、今でも覚えています。その後、大急ぎで授業が進むのですが、今思うと、子供中心主義による能動的な教育を垣間見た気がしています。

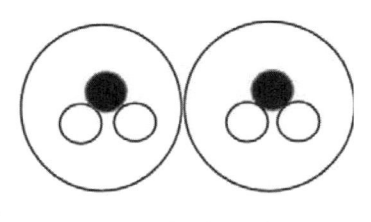

○＝水素　●＝酸素

②子供たちに寄り添った教育

　子供たちの発想を生かすには、それを受け止める教育者の力量が必要となります。子供たちがどのような質問をしてくるか、分からないためです。教師中心主義の場合、教師が先頭を走り、子供たちが迷うことのないように導く必要があります。このため、教師が授業の流れを計画し、それに沿った答えを準備しておきます。この相違が子供中心主義の導入を難しくさせている要因の一つといえます。

　しかし、私としては、その点を心配する必要は無いと感じています。子供中心主義の場合、すぐに答えを示さず、子供に寄り添って一緒に考えましょう、という態度が必要となるからです。すなわち、先頭を走るのではなく、子供たちの近くで寄り添い、一緒に探究することで、子供たちの理解に沿った答えが余裕を持って準備できるのです。

③より良き未来の創造

　進歩主義教育は、連続的な再組織、再構成、変容を通して進歩していくイメージで成り立っています。以前、ヘーゲルを取り上げ、正・反・合の三段階を経て歴史が発展していくと紹介しましたが、その影響を受けています。このため、ぶつかり合うことで良き未来が待っているという論法となっています。

　この良き未来観に対して警笛を鳴らした映画が『ブレードランナー』（原題：Blade Runner、1982 年公開の SF 映画）といわれています。今日のアニメで描かれる未来像がこの映画から来ているともいわれている程、有名な作品です。輝かしい未来ではなく、大気汚染で温暖化したことで雨が降り続き、暗くて不安を予感させる悲観的な未来が描かれています。原作はフィリップ・ディック（Philip Kindred Dick）の SF 小説『アンドロイドは電気羊の夢を見るか？』で、主演がハリソン・フォード（Harrison Ford）です。しかし、私としては悪役のルトガー・ハウアー（Rutger Oelsen Hauer）の演技に圧倒されます。人間の手で作られたアンドロイド（映画ではレプリカント）が創造主である人間から抹消されるのを逃れ、何とか生き抜こうとする話です。

　楽観的であろうと、悲観的であろうと、人類が生き残れるように未来を創造するためにもデューイの教育が今後、重要となると感じています。

宿題：「なぜ勉強をするのか？」と子供から質問された場合、どのように答えますか。

第 10 章
西洋教育思想による日本への影響（１）

　宿題ではなぜ勉強をするのか、考えてもらいました。この点については、人それぞれで答えが異なると思います。私の場合、ある映画の一場面が思い浮かびます。しかし、その映画の題名が思い出せず、いろいろ調べたのですが、見付かりません。粗筋で申し訳ないのですが、貧しいアフリカの農村の話です。ある日、子供が母親から「明日から学校に通いなさい」といわれます。そこで子供が何で勉強をしなければならないのか、母親に尋ねます。母親の答えは「人に騙されないようになるためです。私は「なるほど！」と思ったのを覚えています。法律を知らないアフリカの人々に対し、欧米人が好き勝手に振るまい、富や労働力を得ていることに母親は憤慨しているのです。あと、覚えているのは、二人の幼い兄弟が一緒に遊んでいる際、過って弟が水の入った木の樽（？）に落ちて落命し、気付かなかった兄が後悔するシーンです。これだけの記憶で映画の題名を調べるのは困難ですが、今後も思い出せるように追求していきたいと思います。

　ところで、「なぜ勉強をするのか？」と子供に問われたら、思い出してほしいことがあります。前回話したデューイのことです。子供中心主義の場合、たとえ答えを知っていたとしてもすぐには答えず、その答えを一緒に考えましょう、という態度が必要となります。

　そこで、今回は、これまで学んだ欧米の教育理論が日本に与えた影響について述べていきます。ここで述べられていることを詳しく知りたい場合、私の著書である『身体教育研究序説』（2016 年、不昧堂）を参照してください。

第 1 節　ペスタロッチ主義の影響

　スイスにおけるペスタロッチの教育は評判を呼び、それを学びに各国から多くの来校者が現れます。このため、ドイツ、イギリス、アメリカなどで次々に取

り入れられていきます。この様々な人々によって世界中に広がったペスタロッチの理論を総称してペスタロッチ主義と称します。このため、ペスタロッチの知・徳・体の区分に基づいて述べられていても、その主張には各者の独自性が反映されており、同じ内容とは限りません。このペスタロッチ主義の影響を受け、イギリスのスペンサー（Herbert Spencer）が "Education; Intellectual, Moral, and Physical"（1861 年）を発表し、世界的なベストセラーとなります。この頃に日本では明治維新を迎えたため、どの洋書にも三育説の影響が認められることとなるのです。スペンサーの翻訳は雑誌などで紹介されますが、1880（明治 13）年には『斯氏教育論』（尺振八訳）として出版され、日本でも広く読まれます。

　スペンサーは、人々が家畜などの飼育について懸命に勉強するが、人間の教育に関する勉強が行われていないことを批判し、教育に関する知識が一般教養として不可欠なことを指摘しています。今日でも、教員免許状を取得するために教職課程を履修する学生以外、その知識を学ぶ機会は希な状況です。このため、本書がスペンサーの意図を後世に伝える役割を果たせたら、と願っています。また、教育を考える際、その対象となる被教育者はいろいろと異なるため、決まり切った方程式が役に立たない場合があります。このため、被教育者をよく観察して対応を考える必要があるのですが、その際、いろいろな教育理論の歴史を述べた本書が役立つことを祈っています。

『**小学入門教授図解　第一**』（1877 年）

　1872（明治 5）年には、以前に述べましたが、東京師範学校へ米国人のスコット（Marion McCarrell Scott）を招き、欧米流の教育方法を指導させます。その際にペスタロッチ主義に基づく "object lesson（実物教授）" を日本人に教えます。これは、ペスタロッチが「知性教育」を行う際、実物を直に見せて指導する「直観教授法」を提唱したためです。しかし、日本では実物を描い

た「掛け図」を見せて行ったため、ペスタロッチの考え方からほど遠かったことが分かります。

　1873（明治6）年には、米国人のマレー（David Murray）を文部省の学監に招き、教育行政を監督させます。研究者によっては「モルレー」と表記される場合もありますが、私の場合は「マレー」を使用します。マレーの報告書には教育を考える際、知・徳・体の三つの側面が不可欠であると、繰り返し述べられています。

　1876（明治9）年には、東京女子師範学校に附属幼稚園が開設されます。幼稚園の創始者はフレーベルですが、フレーベルもペスタロッチから多くを学んでいます。

　1879（明治12）年には、高嶺秀夫（たかみねひでお）が東京師範学校で「教育学」を講義します。この内容が前述のように、ジョホノットのペスタロッチ主義に基づいており、その翻訳書である『教育新論』の目次は「知育」「徳育」「体育」の三育説となっています。これらの内、「体育」の項目を見ると、「食物」「温暖」「光線」「空気及其流通」の衛生と、「直接ニ筋肉ヲ練習スルコト」の運動について述べられています。さらに、「休息」とあるので、運動のみならず、体を休めることも取り上げられています。以前、紹介しましたが、目的論的概念に基づく身体教育を意味する「体育」なので、身体の育成や健康の保持増進を達成するため、運動のみならず、衣食住の衛生や体を休めることもその手段として考えられているのです。この「身体（目的）教育の概念と共に「身体（手段）教育の概念も認められます。

　この高嶺による「体育」については、下記の様に、私が『日本大学工学部紀要』で詳述しているので参考にして下さい。

　＊中野浩一「高嶺秀夫（会津出身）の『教育新論』（明治18-19年刊）における身体教育の
　　位置づけ　−二つの「身体」（生体・媒体）に基づく検討−」
　『日本大学工学部紀要』56巻1号、2014（平成26）年9月
　＊中野浩一「高嶺秀夫（会津出身）の『教育新論』（明治18-19年刊）における「体育」の
　　概念　−知・徳・体の調和との関係−」
　『日本大学工学部紀要』57巻2号、2016（平成28）年3月

　写真は高嶺が幼少期に学んだ会津藩の藩校「日新館」です。若松城（別名：鶴ヶ城）の近くにあったのですが、現在は元の場所とは違った所に復元されています。

会津藩校　日新館　　　　　　　　　　**高嶺秀夫（写真左端）**

会津を舞台にした NHK の大河ドラマ「八重の桜」では日新館が紹介されますが、子供たちが従うべき掟として「什の掟」があります。掟の最後が「ならぬことはならぬものです」という言葉で終わるのですが、聞いた覚えがあるのではないでしょうか。私の勤める福島県郡山市の日本大学（工学部）では 4 月のオリエンテーションの際、新入生を日新館へ連れて行くことがあります。そこで展示されている写真の一つに高嶺秀夫があるので、訪問した際には見逃さないよう、お願いします。

　1881（明治 14）年には、文部省から小学校の先生方にお達しが出ます。文部省達 19 号「小学校教員心得」ですが、「道徳ノ教育」「智心教育」「身体教育」の三つの教育を行うことを指示しています。

　1885（明治 18）年には、大日本教育会（今日の学術団体における「学会」に相当）で「児童ニ銭ヲ持タシムル利害如何」が議題とされています。簡単にいうと、子供たちにお小遣いをあげるべきか、あげるべきでないか、についての議論です。細かい点は省略しますが、あげることに賛成する者が次のように発言します。お小遣いをあげることで精神を活発にし、衛生に関しては父兄が注意していれば決して害にはなりません。この発言から、精神と身体の両面からお小遣いの善し悪しを考えていることが分かります。また、他の発言者は、修身上に利益があり、身体の健康や善良の知識を得るにも金銭が必要になることを述べています。さらに、他の発言者は、幼少期は知識が少なく、道徳的にも十分でない状況なので、悪影響があり、それが進むと自分の身体をも顧みないことになると心配して

います。これらの発言から分かるように、当時は必ず知・徳・体の観点から議論がなされているのです。

　以上のように、明治初期にはペスタロッチ主義に基づいて教育が展開されます。そして、今日でも知・徳・体という文言は学習指導要領などでも使用されています。しかし、明治初期と比較すると、知・徳・体の三つの教育へのこだわりにはかなりの差があると感じられます。

第2節　ヘルバルト主義の影響

　明治10年代は英国・米国におけるペスタロッチ主義で進みます。しかし、前述のように1881（明治14）年の「明治十四年の政変」以降、学問の世界においてドイツ化の方向へと向かいます。これにより、教育学では1887（明治20）年にドイツから教育学者のハウスクネヒトが招聘され、日本にヘルバルト主義が普及することとなります。そして、ヘルバルト主義に基づいて教育目的は精神面に限定され、身体面は医学・衛生学の範疇と考えられるようになります。

　1890（明治23）年には「第二次小学校令」が公布されますが、第1条に「教育の目的」が初めて現れます。この「教育の目的」は、1872（明治5）年の「学制」から1886（明治19）年の「（第一次）小学校令」まではありませんでした。その目的の条文では、「小学校は児童身体の発達に留意して道徳教育及国民教育の基礎並其生活に必須なる普通の知識技能を育成するを以て本旨とす」と述べられています。すなわち、「身体の発達」については「留意」とされ、「育成」とは述べられていません。そして、精神面については「道徳教育」「国民教育」と教育の範疇とされ、「知識技能」は「育成」と述べられています。したがって、ヘルバルト主義の影響が認められるのです。

　1891（明治24）年には、文部省に「学校衛生事項取調（がっこうえいせいじこうとりしらべ）」が設置され、衛生学者の三島通良（みしまみちよし）が任命されます。三島は日本各地の学校を取り調べ、衛生上における学校の問題点を報告しています。これらの中には校地の選定方法、校舎の採光法、廊下の広さ、東北地方における二重窓の推奨や暖房法など、事細かな提言がなされています。このように、身体面については医学・衛生学的な観点から支援

が為されており、学校の教員は直接に関わる必要がありません。この点は今日、体調不良などの対処を教員ではなく、保健室に養護教諭がおり、任せられる体制になっているのと同じといえます。

1900（明治 33）年には「第三次小学校令」に改正されますが、第 1 条の文面は同じままで、その後も変わることはありません。1941（昭和 16）年には「小学校令」が廃止され、新たに「国民学校令」が公布されます。この法令はアジア・太平洋戦争の終結まで続くのですが、その第 1 条に関しては「児童心身の発達に留意し…適切なる教育を施すべし」と改変されています。しかし、「心身の発達に留意」とあるように、「心身」と変わっただけで、結局、身体面については「留意」のまま変わりません。

ヘルバルト主義が衰退した後、様々な教育学説が日本に紹介されるのですが、

第 1 条「教育の目的　平和な国家及び社会の形成者として真理と正義を愛し個人の価値をたつとび、勤労と責任を重んじ、自主精神に充ちた心身ともに健康な国民の育成を期して行われなければならない。」

身体面の扱い方に関しては、ヘルバルト主義の影響が続いて行くのです。

戦後の 1947（昭和 22）年には「教育基本法」が制定されます。この第 1 条の「教育の目的」は下記の通りです。

このように平和を尊ぶため、「平和」という文言が採用されており、さらに戦時体制時の集団主義を反省して「個人の価値」を尊重するよう、求められています。これらのことから、制定当時の心意気が伝わってきます。

また、二重線の部分のように「心身」については「育成」と述べられており、戦前とは変わっています。学習指導要領では知・徳・体の文言も使用され、第 1 章の総則では体育が「学校の教育活動全体を通じて適切に行うこと」と述べられています。したがって、ペスタロッチ主義に返ったように感じられます。しかし、各教科担当と養護担当との区別は変わらないので、この点では戦前のヘルバルト主義を踏襲しているといえます。ペスタロッチ主義を目指すなら、前述のように、全ての教科目で身体の育成を考えて行く必要があり、この点は今後の課題といえます。

ところで、2006（平成 18）年には教育基本法に改正がなされます。以下に新

しい第1条を示すので、旧法と比較してください。何か感じられる点はないでしょうか。

> 新法：第1条「教育は、人格の完成を目指し、<u>平和</u>で民主的な国家及び社会の形成者として必要な資質を備えた<u>心身ともに健康な国民の育成を期して行われなければならない。</u>」

旧法と新法を比較すると、二重線の部分は同じです。しかし、旧法は「平和」が最初に来ているのに対し、新法ではその前に「人格の完成」が加えられて二番目の位置づけとなっています。また、「個人の価値」という文言は削除されています。このため、戦争直後における「平和」への願いと集団主義への反省が後退しているようで、心配になります。新法と共に、旧法の精神も忘れないようにしたいと感じます。

第3節　ヘルバルト主義以降

先に明治20年代にヘルバルト主義が日本に紹介されたことまで述べました。これ以降、いくつもの教育学説が日本に紹介されていきます。そこで、それらの翻訳書を概観し、身体面についてどのように扱っているのかを検討します。翻訳書なので、原著者が意図していたこととは異なる場合がありますが、日本に翻訳紹介されたものを「●●学説」と示したいと思います。私の著書である『身体教育研究序説』（2016年、不昧堂）では各教育学説の名称を短く省略しています。参考としてその略称をカッコの中に示しています。

1）社会的教育学説（社会説）

明治30年代には、ヘルバルトを「個人的教育学」と批判する社会説が紹介され、普及して行きます。ヘルバルトの場合、各個人の性格形成を論じているため、教育目的では社会もしくは国家の発展という観点が薄いのです。この社会説の影響から児童・生徒会など、自治活動の必要性が叫ばれるようになります。

しかし、身体面に関しては、教育の対象ではなく、養護と考えられており、ヘルバルトと同様です。このため、身体養護は教育学ではなく、医学・衛生学が扱うべき問題であると区別されています。

　結局、社会説では、ヘルバルトと同様、精神面だけを教育の対象としており、身体面に関しては他の学問分野と考えられています。

2）実験教育学説（実験説）

　社会説が普及するのと同じ頃、実験説が紹介され、普及して行きます。実験説では、心理学に基づき、効果的な授業を行う基礎資料の作成を目的に、気質や受講時の精神疲労などに関する調査を行っています。生理学に基づく実験も行われますが、精神面への影響を調査しているのであり、身体問題を扱ってはいません。

　結局、実験説では、ヘルバルトと同様、精神面だけを教育の対象としており、身体問題に関しては扱っていません。

3）人格的教育学説（人格説）

　大正時代に入ると人格説が紹介され、普及して行きます。それ以前の教育は知識の注入を中心としていることを批判し、人格説では、感情・意志・身体をも含めた人格、すなわち「知・情・意・身体」という人間全体を教育の対象とすべきことを述べています。このように、「身体」も教育の対象とするので、翻訳書の目次には「体育」の項目があります。

　しかし、身体面に関しては、運動を用いての精神面の育成を述べているだけです。すなわち、「体育」の概念は運動教育であり、身体教育を意味していません。

　結局、人格説では、ヘルバルトと同様、精神面だけを教育の対象としており、身体面に関しては「体育」への言及があるものの、身体教育の意味では用いられていません。

4）新カント派教育学説（カント説）

　大正10年代にはカント説が紹介され、普及して行きます。カントの認識論に基づき、衝動から意志を形成し、最後に理性的意志にまで高めることを主張しています。この根底には、ペスタロッチへの回帰が期待されてもいます。

　しかし、身体面に関しては、教育の対象ではなく、養護と考えられており、ヘルバルトと同様です。ペスタロッチへの回帰が目指されているにもかかわらず、

精神面だけを扱い、身体の養護に関しては教育学の問題とは考えられていません。

　結局、カント説では、ヘルバルトと同様、精神面だけを教育の対象としており、身体面に関しては教育学の問題とは考えられていません。

5）デューイ説

　子供中心主義などについては既に述べました。デューイは子供たちの経験の蓄積を重視し、知性や徳性の育成について言及しています。大正自由教育と称されるように、大正時代には子供中心主義による教育が重視されるので、デューイの影響が認められます。この点に関しては後に詳述します。

　しかし、身体面に関してデューイは、生物学や生理学に関わる部分なので、説明する必要はないと述べています。また、今日の技術科・家庭科に通じる「遊戯」を重視し、その経験の蓄積については積極的に述べていますが、身体面の育成については扱っていません。

　結局、デューイ説では、ヘルバルトと同様、精神面だけを教育の対象としており、身体面に関しては教育学の問題とは考えられていません。

6）文化教育学説（文化説）

　昭和時代に入ると文化説が紹介され、普及して行きます。その名称が示すように、教育目的を文化の伝達とする学説であり、精神科学に基づきます。文化説の影響から文化的実在の把握を目的とする「郷土科」という科目が注目されるようになります。郷土科に関しては明治時代の末頃から始められているのですが、昭和時代には文部省も含めて、全国的な活動に発展して行きます。今日でも学校に「郷土室」があったり、地元の文化を学ぶためにバス旅行をしたりなど、郷土科に由来する活動が存続する学校もあると思います。福島県郡山市の小学校では現在の所、「郷土を学ぶ体験学習事業」が行われていますが、自分の出身地でもそのような活動が行われていないか、調べてみてください。

　文化説では「労作教育」も取り上げられています。畑を耕したり、動物を飼育したり、体を使った労働を通して、自発的な活動や創造的な仕事の大切さという精神性を学びます。このように、労作教育は精神教育の手段であり、身体面の育

成に関しては取り上げられていません。

　結局、文化説では、ヘルバルトと同様、精神面だけを教育の対象としており、身体面に関しては教育学の問題とは考えられていません。

7）振興教育学説（振興説）

　振興説はソビエトのマルクス主義に基づき、被教育者を労働者とする特殊な学説です。労働者の場合、体を使う作業が重視されるため、振興説では身体面の育成を教育学の問題として扱う場合が認められます。

　しかし、共産主義に属する思想のため、日本では主流となることはありませんでした。

　結局、振興説では、ヘルバルトと異なり、心身両面の教育を扱いますが、日本で主流を占めることはなく、身体教育の概念を復活させるまでには至りません。

8）民族教育学説（民族説）

　民族説は教育目的を民族の発達とする学説です。特に、ドイツのナチズムを助成する役割を果たしたように、排他的民族主義に基づきます。このため、精神教育を重視します。この精神教育の手段として、体操やスポーツが取り上げられます。しかし、競技の精神やフェアプレーなどが強調されるだけで、身体問題に関しては取り上げられていません。

　結局、民族説では、ヘルバルトと同様、精神面だけを教育の対象としており、身体面に関しては教育学の問題とは考えられていません。

　以上のようにヘルバルト主義以降、最新の欧米教育学説が日本に紹介され、普及して行きます。しかし、それらの学説は、振興説を除き、ヘルバルトと同様、精神面だけを教育の対象としており、身体面に関しては教育学の問題とは考えられていません。振興説も共産主義に属する思想のため、日本では主流となることはありませんでした。したがって、日本ではヘルバルト主義が衰退し、新しい学説が紹介されて以降も、身体面に関してはヘルバルトの扱い方が存続して行きます。

　日本人の教育学書を年代順に見ると、明治初期の日本の教育学書はペスタロッチに基づく知育・徳育・体育の教育区分が一般的で、必ず身体教育を意味する「体育」が扱われています。しかし、明治20年代以降はヘルバルトに基づく養護・教授・訓練が一般的となり、その区分が存続して行きます。また、「体育」の項目があっても、身体養護もしくは運動教育の意味であり、それらの「体育」の項目も次第に扱われなくなります。このように、教育学では「体育」を扱わなくなりますが、その代わりに医学・衛生学者や体操科の教員が「体育」を担うようになって行きます。

　ヘルバルトは健康な被教育者を前提にした教育を述べますが、一般的に子供が泣いている場合、心が痛むのか、体が痛むのか、心身両面から考えると思います。したがって、ヘルバルトのように精神面だけを教育の対象と考えた場合、被教育者を理解しきれない部分が残ってしまうと危惧されます。精神や心の教育を考える場合でも、身体や体との関わりは無視できないはずです。

　しかし、ペスタロッチに比べると、ヘルバルトの場合、教育者の役割を精神面に限定しているので、負担が軽減されており、合理的ともいえます。今日、身体面に関しては、保健室や給食室や家庭に役割が分担されることで、便利になっています。ただし、便利になった分、私としては失われた部分はないのか気がかりです。また、学校教育では役割分担が可能だとしても、実際に目の前に被教育者がいる場合、心身両面からの関わりが欠かせません。このため、教育心理学のみならず、教育生理学や教育看護学など、心身両面からの考察が欠かせないと思われます。いつの日かペスタロッチの様に、教育学において心身両面から子供たちの教育が語られるようになることを祈っています。

　身体教育の復活を考える上で、参考となる一例を紹介したいと思います。<ruby>荒川修作<rt>あらかわしゅうさく</rt></ruby>という建築家で、私が東京に住んでいた際、近所で不思議な建物の建設が始まったことでその存在を知ることができました。とてもカラフルでユニークな形をしており、最初は新しい幼稚園ができるのだと勘違いしていました。完成した建物が左の写真です。是非、ネットで実際の色と形を確認してほしいと思います。正面に説明書きがあり、「三鷹天命反転住宅」という名称の分譲マンションでした。

　右側の写真が建物の内部ですが、中央にキッチンがあり、その四隅にユニークな部屋あります。左下の部屋を例にすると、部屋全体が球面で、すなわち、床が球面なのです。これでは家具を置くのにどうするのか心配になります。また、キッチンの床面もでこぼこになっており、歩き回ったり、寝転がったりするのが大変に感じます。荒川によると、このような作りだからこそ、人間は衰えることなく、生活できるのだそうです。映画にも『死なない子供、荒川修作』という作品があり、是非、見てほしいと感じます。このような特殊な建物に住むと「人は死なない」と断言する所が圧巻です。生活するのに不便を感じる気がしますが、不便なことで身体的には得るものがあるのだと思います。今日、便利さを追求することが一般的な中で、身体面では失っている点があると気付かせてくれる作品だと思います。

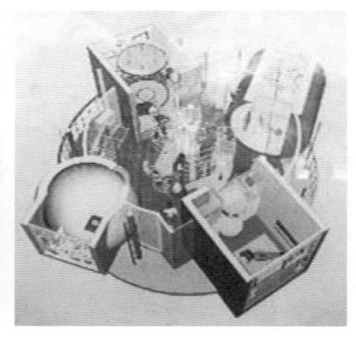

荒川修作：三鷹天命反転住宅　　　　　　　　住宅の内面図

宿題：荒川修作さんの他の作品を調べてください。

第 11 章
西洋教育思想による日本への影響（２）

　宿題では荒川修作さんの作品を調べてもらいました。色々と興味あるものが見付けられたと思いますが、私としては「養老天命反転地」という岐阜県養老郡養老町にある公園がずっと気になっています。いつか行ってみたいと思っているのですが、なかなかその機会に恵まれません。その公園は、立ち入ると感覚が不安定になるような起伏の地形となっており、錯覚から転倒する人がいるそうです。荒川さんによると、人間本来の感覚を再確認させる狙いがあり、複数人で公園を散策すると、お互いの存在を常に意識しながら過ごせるようになるのだそうです。身体面だけではなく、自分以外の存在との関わりにも目が向けられているようです。

　前回の話では、ヘルバルト主義が衰退した後、身体面に関して扱わない学説が一般的となるため、身体面に関しては、ヘルバルト主義の扱い方が存続していくという話をしました。今回は、デューイによる子供中心主義の教育が日本に紹介されて以降、それを取り入れようと挑戦する事例を紹介します。デューイは、子供たちが主体的に、生活に根ざした問題について探究する活動を重視し、それに伴って共同的・相互扶助的な意識を形成し、成熟した社会の営為や仕事を子供の段階において再現することを目指しています。このデューイの方針を取り入れた教育を今後、デューイ主義と総称します。

第 1 節　デューイ主義の影響

　大正デモクラシーという言葉は日本史の授業で聞いたことがあると思います。始まりに関しては諸説ありますが、「自由」という言葉がよく用いられるので、おおよそ大正時代に起こった自由主義的な運動といえます。この当時の教育は「大正自由教育」もしくは「大正新教育」と称され、デューイに基づく子供中心主義

の観点が反映されます。さまざまな特徴のある教育事例があるのですが、それらの中からいくつかを紹介します。

1）澤柳政太郎

澤柳政太郎は近代日本の文部官僚・教育者です。1909（明治 42）年に『実際的教育学』を出版し、当時の教育学を批判したことで注目されます。例えば、最初の第 1 節は「従来の教育学はあまりに空漠である」、次の第 2 節は「従来の教育学はあまりに実際と没交渉である」です。このように刺激的な言葉が並ぶので、当時の教育学者は相当にショックを受けたと思われ、沢柳への反論がなされます。しかし、沢柳が主張したかったのは、哲学的な理論だけに拘泥するのではなく、現場での日々の実践に基づく研究も必要ということです。

　1917（大正 6）年には私立の「成城小学校」を創設し、1 年次に理科、4 年次から修身を課すという独自のカリキュラムを組んでいます。一般的な小学校の場合、最も重要視されていた修身は 1 年次からで、その後に理科が加わっていきます。沢柳によると、子供を中心とした教育では最初、本物の自然を対象とした生きた材料によって行うことと、徳育はどの教科目からでも行うことが可能であるという判断があったようです。この点ではペスタロッチの直観教授法の影響が認められます。

　その後、成城小学校では米国のダルトン・プラン（Dalton Plan）を採用し、子供たちの個性を尊重する教育実践を行います。成城小学校では「ダルトン」と表記しますが、その他では「ドルトン」が用いられる場合もあります。このプランは 1920（大正 9）年に米国のパーカースト（Helen Parkhurst）によって、マサチューセッツ州ドルトン市で開始されます。時間割を廃止し、子供たちがやりたい学習を行うという主体性が重視され、得意科目は早く終わらせて、その他の教科に時間を割くなど、従来にない特徴があります。2 大原理として「自由」と「協同」が掲げられ、「自由」では主体的に課題の解決を発見させ、「協同」では同じ研究をしている友人と相談し合うことで、有益であることを発見させることが目指されます。実践方法としては「ハウス」「アサインメント」「ラボラトリーの順で行われます。「ハウス」とは課題をいつまでに終わらせるか、教師と相談する

ことで、「アサインメント」とは割り当てを行い、子供が自分自身の速度で、結果に対して責任を持って取り組むことで、課題の期限に関する教師との契約を意味し、「ラボラトリー」とは歴史室、科学室など、各専門に分かれた教室・実験室のことで、それらを自由に移動することで学習が進みます。例えば、午前中はラボラトリーで自ら作成したアサインメントに基づき自由に学習し、午後は学級単位で協同学習を行うなど、主体性と共同性が養われるように学習が進みます。

　今日でもアメリカのニューヨークに名門私立学校として、幼稚園から高校までの一貫教育が行われる "The Dalton School" があります。また、2019（令和元）年には「ドルトン東京学園」が開校しています。東京都調布市に河合塾が私立中高一貫校として設立するのですが、ネットで調べた際、その場所には見覚えがありました。私が大学院時代に住んでいたアパートの近くで土地勘があり、京王線の仙川駅から歩いた記憶がよみがえります。当時と変わっていなければ、木々の多い緑に囲まれた絶好の敷地だと思います。新たな挑戦には苦労が伴うと思いますが、このような学校が増えることを期待しています。

2）八大教育主張講演会

　1921（大正10）年には新教育を主張する8人の演者による講演会が開催されます。この講演会には全国から多くの聴衆が集まり、翌年には『八大教育主張』と題する著書が刊行されます。演者の順番と演題は次の通りです。

及川平治「動的教育論」、稲毛金七「創造教育論」、樋口長市「自学教育論」、手塚岸衛「自由教育論」、片上伸「文芸教育論」、千葉命吉「一切衝動皆満足論」、河野清丸「自動教育論」、小原國芳「全人教育論」

　それぞれの演題から新教育の雰囲気が感じ取れると思いますが、最初の及川平治の実践を紹介します。及川は宮城県栗原市の出身ですが、配属された学校は兵庫県明石女子師範学校の附属小学校です。この小学校での実践をまとめたのが『分団式動的教育法』（1912年）で、本書が評判となったことから八大教育主張の演者に抜擢されます。教育方法の特徴としては「動的」という点があげられます。子供の学習の状況に応じて、全体からグループへ、さらに個別へと集団を変化させて学習することを「動的」と称しているのです。能動的に学習する力や自学自

習する力を育てることを目的とする場合、子供の個性を尊重し、能力や特性の違いに応じた教授・学習活動を行う必要が生じ、自ずとグループの変化が求められるのです。一斉教授法が一般的な中で、教師による創意工夫が必要となる教育方法と感じます。あと、紹介したい例が「修身科」の授業の際、入院した友達への見舞い方法を話し合わせた、というのがあります。今日では当たり前のように感じられますが、子供たちの主体性を尊重するという発想が乏しかった当時なので、及川の教育実践が特例のように取り上げられているのです。

　手塚岸衛は「自由教育論」を述べていますが、1928（昭和 3）年には幼稚園から旧制の中学校に至る「自由が丘学園」を創設しています。これが後の「トモエ学園」となり、『窓ぎわのトットちゃん』（黒柳徹子）で紹介されて有名となります。手を焼く子供だった黒柳が成長し、マルチタレントのみならず、ユニセフ親善大使として社会貢献をするようになった原点が手塚の「自由教育論」に認められます。是非、自身で読んでほしいと思います。

　私が学生時代に八大教育主張について習った際、千葉命吉の演題である「一切衝動皆満足論」が印象に残りました。子供たちの一切の衝動を全て満足させるという題名に、悪い衝動を起こしても「大丈夫なのか？」と不安に感じました。しかし、とにかく子供たちの満足を得る教育は大事だと感じたことを思い出します。子供たちの主体性を尊重することで、子供たち自身が満足のいく学習の必要性を述べているのですが、これも是非、自身で読んでほしいと思います。

3）羽仁もと子（キリスト教徒）

　羽仁もと子は日本における女性ジャーナリストの先駆けといわれており、1921（大正 10）年に「自由学園」を創設します。青森県八戸市出身で、最初は当時としては珍しい女性の新聞記者として活動し、明治時代から今日まで続く雑誌『婦人之友』を創刊するなど、先進性を感じます。校舎は山手線池袋駅の近くで、最初は女学校だけでした。拡張のため、東京都東久留米市学園町に移転し、今日では幼稚園から大学部まであります。子供の主体性を尊重するため、生徒自身が責任を持って行う「自労自治」を標語にしています。特に生徒が農芸（稲作）や酪農（豚・牛）などを行い、さらに給食調理や校地全体の清掃をも担います。私

から見ると、ペスタロッチの「身体教育」も参考にしていると感じられます。

　ただし、学校令にとらわれず、国に管理されずに独自の教育方針で運営するため、文部省の認可を得ていない学校です。このため、戦前には徴兵猶予権が与えられず、また、文部省系列の学校への進学資格の喪失という不利な条件が重なり、困難を抱える時期があります。

　私にとって自由学園を意識するきっかけはある日に突然、やってきました。大学院の先生が学園町にある自宅で院生と食事会を行った際、自由学園という看板があることに気付きました。教育史の授業で聞いたことはあっても、訪問したことはありません。食事会の合間に自由学園の周辺を散策し、その雰囲気を感じ取ったことを思い出します。

　池袋の旧校舎（明日館）は今日でも池袋駅近くに重要文化財として保存されています。左側の写真が明日館ですが、中央の三角屋根の建物は生徒が集まるホールと食堂です。当時の学校建築では中央を教職員専用の出入り口とするのが一般的なので、明日館は子供中心主義に基づいていることが分かります。設計者はライト（Frank Lloyd Wright）で、東京帝国ホテルの設計者としても有名ですが、その来日当時、羽仁夫婦の教育理念に感銘を受けて設計を引き受けています。ライトによる建築物には世界遺産となっている「Fallingwater（落水荘）」があるのですが、いつか訪ねてみたいと思っている建築物です。滝の上に家屋があり、自然に囲まれた雰囲気を体験したいのですが、日本の場合、滝を神様と崇める信仰があるので、その上に住居を建てることは考えづらく、西洋的な思想に基づく

日本の重要文化財：明日館　　　　**世界遺産：Fallingwater（落水荘）**

建築物と感じます。私自身、ワシントン D.C. のアメリカ議会図書館（Library of Congress）へ行くことはあるのですが、そこからかなり離れており、現在の所、訪問するのは無理だと感じています。

4）その他

①生活綴方運動

　小学校の国語科教員である芦田恵之助などを中心に普及した運動で、作文を用いての教育方法です。当時は国が定めた国定教科書があり、その通りに教える必要があったのですが、「綴方」には教科書がありませんでした。このため、自由な教育が可能であり、教師が課題を出すのではなく、子供たちに決めさせ、創作力を養う「自由選題」を行うことができたのです。

　また、この運動の普及に欠かせない役割を果たした雑誌が『綴方生活』です。小学校教員の経験のある小砂丘忠義が編集責任者として発行するのですが、教師の型通りに書かせることを批判し、子供たちの創作力を信頼する彼の姿勢が大正自由教育を支えることとなります。1938（昭和 13）年の『私の綴方生活』（小砂丘忠義）には、選題のみならず、表現も、文を書くか書かないかも、子供の自由であり、とにかく子供の「全肯定に私は出発した」と述べられています。また、教師が表現の指導に没頭するよりも、子供たちの生活を「豊富旺盛」にしてあげることが大事であると述べられています。

　実は小砂丘について、私の学生時代に苦労をした経験があります。教育史のゼミで生活綴方運動の課題が出された際、様々な関係者が取り上げられた中で、私が小砂丘を調べて発表することに決まりました。この決定の際、先生が私の時だけ微笑んでいたことを記憶しています。図書館で教育関連の辞典を調べると、他の人々は簡単に見付かり、説明も詳しいのですが、小砂丘だけは見付かりません。結局、ゼミで見付けられなかったことを報告すると、小砂丘は主に雑誌の編集者として活躍したので、教育関連の辞典で探すのは困難だと知らされました。このことから、研究には辞典などの二次資料（一次資料を元に作成された資料）ではなく、雑誌『綴方生活』などで本人の言説（一次資料）を拾っていくことが大切であることを学びました。大正自由教育では学校の教員以外にも関わった人々が

多く、埋もれている関係者がまだいると思います。こういった人々に光を与えられるような研究が続くことを祈っています。

②自由画教育運動

　大正時代に版画家である山本鼎（やまもとかなえ）が始めた教育運動です。この運動を始める以前に版画界では「創作版画運動」が起こっており、山本は1904(明治37)年に雑誌『明星』に『漁夫』という版画を掲載します。江戸時代の浮世絵とは異なり、西洋絵画を思わせる写実的な作品となっています。この運動では、当時の版画が商業的な営利性を追求していることを批判し、純粋な芸術作品へと高めるべく始まります。このため、従来の分業制に対して、作者自身が描画し、版を彫り、摺るという全ての工程をこなすことで、作者の個性を自由に表現することを目指します。非実用性・美術性が追求されることで、日本の版画の地位が向上し、戦後、棟方志功（むなかたしこう）と池田満寿夫（いけだますお）が国際美術展覧会であるヴェネツィア・ビエンナーレの版画部門で最高賞を獲得するに至ります。

　私の出身は青森ですが、同じく教育学を学ぶ友人から「青森県は棟方志功（青森市出身）の影響で、図画では版画ばかり行っているというのは本当？」と質問されました。そういわれてみると、小学校・中学校時代には常に版画を彫っていた記憶があり、そのような背景があったのかと納得した次第です。

　1918（大正7）年に山本は、他の版画家と共に日本創作版画協会を設立し、学校において「自由画教育運動」を行います。当時の図画の授業は教科書の手本を模写させるだけだったため、今日のように自由に描くことができませんでした。このため、手本の模写ではなく、子供たちの自由な感性を生かすべく、自由な絵画表現を促したのです。このように版画の専門家が学校教育に影響を与える例もあったのです。

第2節　大正自由教育（大正新教育）の終焉

　大正時代には1914-18（大正3 -7）年にかけて第1次世界大戦がありました。日本も参戦するのですが、ヨーロッパではなく、中国に駐留するドイツ軍に対してです。世界各国ではこの大戦による疲弊を反省し、1921（大正10）年からワ

シントン会議が開催され、軍縮に関する話し合いが行われます。しかし、軍縮の流れに伴い、職を失う将校の雇用対策が必要となります。このため、1924（大正13）年、中等学校以上の学生生徒に対して軍事教練を正課として行わせ、それを指導する教員として将校を学校に採用する案が陸軍省と文部省との間で具体化します。この案が報道されると、各大学で「軍事教練反対運動」が起こります。これに対し、1925（大正14）年、「陸軍現役将校学校配属令」が制定されて軍事教練が開始され、さらに、国内の秩序維持や反政府的な活動の取り締まりを目的とする「治安維持法が成立すると、反対する大学生が検挙されるようになります。しかし、大学で軍事教練が行われることで、在学中の徴兵猶予、兵役期間の1年短縮、徴兵時に幹部候補生になれる特典が与えられます。この特典を学生募集に活用する大学も現れます。

　1937（昭和12）年には日中戦争が始まり、戦意を昂揚させるために「国民精神総動員実施要綱」が政府から示されます。そして、戦局が悪化すると徴兵猶予の特典が撤廃されます。1943（昭和18）年の「在学徴集延期臨時特例」により、理工系と教員養成系を除き、主に文系学生の徴兵猶予が停止され、適齢者は徴兵検査を受けることになります。同年10月21日には出陣学徒壮行会が明治神宮外苑競技場で行われますが、今日でも戦時期における象徴的な映像として繰り返しテレビに流れています。羽仁もと子の自由学園はこの頃に文部省から自発的な校名の変更を求められたり、軍部から「自由」という言葉の使用に対して非難されたりする状況となってきます。挙国一致が求められるようになると、「大正自由教育」の潮流は打ち消され、戦時体制への協力が求められるようになるのです。

　この戦時中の悲惨さを表現した美術作品の一つとして、浜田知明による「初年兵哀歌（歩哨）」を紹介したいと思います。私はNHK番組の「日曜美術館」を欠かさず見ているのですが、その際、浜田の作品に出会いました。浜田自身、軍隊経験があり、その時のつらい思い出を作品にしています。歩哨とは軍務地における見張り役で、主に若い兵隊が任務に当たったようです。その歩哨が銃を喉もとに突きつけ、足の指で引き金を引こうとしています。骸骨のような抜け殻の眼から、一筋の涙がこぼれ落ちています。過酷な軍務から逃れるため、作者自身、自殺のことを考えていたのです。

　現在の所、日本には徴兵制がなく、言論の自由も保障され、戦前とは異なった状況にあります。学生の皆さんは、日々の苦悩があると思いますが、戦前よりも良い状況にあることを忘れないでください。

宿題：今回の宿題は、私が青森県立郷土館で不思議な体験をしたことに基づいています。郷土の著名人を紹介するコーナーに棟方志功の写真が飾ってあり、その下に津軽弁で「わだばゴッホになる（私はゴッホになる）」と書かれてあります。これはどのような芸術家を目指したいかという問いに対する棟方の答えだと思います。

　すると写真が私に向かって突然、「なだば？（あなたは？）」と問いかけてきました。その時私は、手に岩波文庫の『隠者の夕暮・シュタンツだより』（長田新訳）を持っており、とっさに「わだばペスタロッチさなる」と答えたのを覚えています。そこで、みなさんは誰を目指したいと考えますか？

第12章
デューイ以降の新教育

　宿題では自分が目指したい人物を考えてもらいました。このため、印象の良かった人を選び、悪かった人を選ぶことはなかったと思います。しかし、学生に「どのような教育者になりたいか」と質問すると、印象の悪かった人をあげ、そのようにはなりたくない、と答える場合があります。この場合、理想とする姿をまだ知らなく、自分なりに探究していく必要があって大変ですが、探究する姿勢は大事なので頑張ってほしいと伝えています。しかし、「ミイラ取りがミイラになる」という諺があります。そこで、私はペスタロッチの直観教授法を例にあげ、悪い印象が頭にあると、結局、それを実践してしまう場合があるので、良い印象も思い出すようにアドバイスしています。

　前回は日本におけるデューイ主義について紹介しました。しかし、デューイだけでなく、新教育を目指す様々な教育方法が日本に紹介されています。これらの中には、今日において学校が運営されている場合もあります。さらに卒業生に有名人がいたりもします。しかし、人間には個性があり、それぞれ特性が異なるため、必ずしも期待通りの教育効果が得られるとは限りません。今回、述べたいのは、子供たちの自由と主体性を目指す新教育がどのようなことに挑戦しているのか、ということです。それらの挑戦を感じ取り、様々な個性を持つ被教育者に対応できるようになることを願っています。

第1節　モンテッソーリ（Maria Montessori）

　モンテッソーリはイタリアの精神科医で、最初は知的障がい児の治療を行っていました。そこから幼児教育に関わるようになり、その試みを子供たち全般に適用する「子供の家」を設立します。この実践が日本を含む世界中に広まっていきます。

　私がモンテッソーリに注目してほしい点は、障がいの有無を区別することなく、対応できる教育方法を編み出している所です。当時は発達障がいが今日ほど問題になってはいませんが、「発達障がい」であろうと、「定型発達」であろうと、同じ人間として扱うヒントが得られると感じています。

1）観察

　知的障がい児が食後にパンくずを拾って遊んでいると、一般的には「行儀が悪い」など、悪い印象を感じると思います。しかし、モンテッソーリは、その行動を観察している際、パンくずから指先の感覚的な刺激を求めているのだと気付きます。うまくつまめないため、その動きを獲得したいと思い、集中するのです。すなわち、身体がその刺激を必要としており、そこから生活に必要な身体感覚が磨かれているのです。

　したがって、教育の第一歩は、子供が何を必要としているのかを感じ取ろうとすること、と考えられているため、「観察」が重視されているのです。

2）集中現象

　観察することで、子供が「好奇心」を向ける対象について分かるようになります。そこで、それらの対象をそのまま教材に生かすようにするのです。例えば、何かをつまんだり、詰め込んだり、シールを貼ったり剥がしたり、などの教材が考案されています。それらの教材は単純なものですが、大人の声が気にならないほど子供は集中し、何度も繰り返して遊びます。この状態をモンテッソーリは「集中現象」と呼んで重視しています。

　ところで、モンテッソーリ以前に、既に子供の熱中する玩具が存在しています。しかし、モンテッソーリによると、それらの玩具は、大人の都合で考案されたものなので、子供にとって無為の世界を与えるものであり、「馬鹿げた退化をさせる玩具」に過ぎないと批判されています。

　したがって、大人の側が使ってほしい教材ではなく、子供の観察から導き出された教材が必要なのです。

3）自己活動力

　子供は「生命の発達」に基づいて成長していきます。教育者はその「生命を刺激」して、それらを「自由に発達・展開」させることが役割であると考えられています。すなわち、子供自身に備わっている「自己活動力による教育方法を提唱しているのです。このため、教育者はほんの少しでも干渉してはならず、子供が自らの努力によって自分自身を完成させる必要があると考えられています。さらに、教育者は観察すること以外に何もすることはない、とも述べられています。

　しかし、どうしても子供が迷った場合には援助をするのですが、この際も手伝って良いか、確認してから行います。このため、モンテッソーリから学んだ子供は自然と、自分より幼い子供を見守ったり、援助したりするようになるのだそうです。

4）自己活動力を通しての秩序（cosmos）の確立

　子供は最初、渾沌（chaos）とした意識状態であり、そこから整えられた秩序（cosmos）の状態へと導く必要があります。このため、「子供の家」では子供の観察から導かれた教材を行わせます。それらは例えば、洗濯などの「実際生活の練習」、さまざまな色による積木遊びなどの「感覚の練習」、ビーズを数えるなどの「算数の練習」、ひらがなをなぞるなどの「書き方の練習」であり、子供に好きな「お仕事」を選ばせ、やりたいことを思う存分やらせます。この「自己活動力」を繰り返し発揮させることで、忍耐強くなり、また、失敗しないように自身を抑制する能力も身につくと考えられています。この時、大人は見守るだけであり、問題があった場合には話し合うのですが、大人がルールを決めないようにします。これにより、子供には自身で決めた「秩序」を守ろうという精神が自然と発達すると考えられています。

　このような自然主義に基づく教育方法に対して、「唯心論的個人主義」と批判し、社会性の育成に疑問を呈する学者もいます。教育目的を個人の能力向上ではなく、社会の発展とする場合、モンテッソーリの教育方法は物足りないと感じられるのです。しかし、精神病院でアルバイトをしたことがある私としては、まさにモンテッソーリの実践が個々の患者にとって不可欠なことが分かります。また、一般

的に「障がい者」と「健常者」との区別がありますが、アルバイトを続けている内に、両者とも違いが無く、同じ人間であると感じるようになりました。さらに、私自身も完璧ではなく、患者は取り繕うことが苦手なため、奇異な行動を取るように見られてしまうのだと、感じるようになりました。私としては、「教育目的」の在り方よりも、「被教育者との接し方」という点でモンテッソーリを参考にすべきと考えています。

　私が大学院生の時、精神病院の患者にレクリエーションで運動を行わせる仕事を先輩から引き継ぎました。患者には精神を安定させる薬が処方されているため、活動性が鈍って運動不足となり、健康を害す恐れがあります。これを防ぐため、レクリエーションを行わせるのですが、最初は精神病院と聞き、失礼ながら恐ろしいイメージしかありませんでした。実際に患者と接してみると、他人が常に自分を批判しているという妄想を抱く人、落ち着きのない行動障害の人、自分の気に入った人以外は全く無視する人などいて、レクリエーションをするのに苦労が絶えません。そのような人はどこにでもいる、と感じられたかもしれませんが、常軌を逸するレヴェルなのです。また、カードゲームをした際、必ず勝つ患者がいるので職員に質問した所、その人は他人のカードを全て記憶できるため、負けるはずがないとのことでした。学習はできるのに、コミュニケーションが取れないのです。過去には自分が天皇の親戚であると誇大妄想を懐く人もいたそうです。職員によると、これらの患者に「狂っている」と指摘しても、「自分は正気だ」と答えるのだそうです。しかし、人間誰しも悪いことをしようとしていない限り、正しい行いをしていると思っているはずです。地球上で争いは絶えませんが、お互いの正義のぶつかり合いです。私は次第に、病院には塀があって外側と遮断されていますが、塀の中の方が医師や職員に守られており、安全だと感じるようになりました。かえって外側の方がいつ事故に遭ったり、殺されたりするか分からないのです。

　以上のように、モンテッソーリの教育方法は、発達障がいが問題になっている今日において、参考とすべき点があるのです。

第2節　シュタイナー（Rudolf Steiner）

　シュタイナーはドイツの哲学者であり、神秘思想家とも紹介される場合があります。なぜなら、唯心論に基づくシュタイナーの『人智学』は人間一般の五感を超えており、目に見えない世界を重視する超感覚的世界観については、科学的論証が不可能なためです。このため、シュタイナーの教育理論は「神秘的教育芸術論」とも称される場合があります。

　私が学生時代に『ミュンヘンの小学生：娘が学んだシュタイナー学校』（子安美知子、中公新書、1975年）が話題となりました。母親である著者が娘の文をミュンヘンの学校に入学させた記録です。試験や成績評価をしない学校と聞くと、どのように授業をしているのか、関心が高まったのではないでしょうか。私の友人がその教育を学ぶため、東京のセミナーに参加するようになったのですが、神秘的なことを言うようになり、心配した記憶があります。しかし、知性よりも、芸術的な感性を尊重する教育なのだと感じたのを覚えています。

　また、私はベルリンで偶然、「シュタイナー学校（Freie Waldorfschule Kreuzberg）に辿り着きました。ドイツ中に多数の学校があるのは知っていましたが、意図して探したのではなく、ホテルからベルリン州立図書館へ行く際、道に迷って放浪していると突然に目の前に現れたのです。ホテルを出る前に地図を見ていたら、メーリング広場（Mehringplatz）という不思議な円形をした住宅団

メーリング広場の住宅団地　　　　　クロイツベルクのシュタイナー学校

地を見付けました。普通の団地の場合、建物は長方形ですが、円形の広場に沿っ
て弧を描いた建物となっています。そこへ寄って遠回りして図書館へ行こうとし
たら、広場を歩いている内に方向感覚が麻痺しました。住民には影響がないのか、
心配になります。

　それではシュタイナーによる特徴的な教育方法を紹介します。具体的には娘の
子安文が自身の学校体験をいくつか出版しているので、そちらの著書をお勧めし
ます。

1）フォルメン

　線や曲線など、幾何学的な形を描く授業と聞くと、図画の教育と感じたと思い
ますが、それに止まりません。無機的な形のみならず、有機的な「動き」も形と
して表現し、紙に描くだけでなく、それぞれの形を体で表現しながら、全身で「形」
と「動き」を感じ取るのです。形を認識し、図形的な理解を深め、バランス感覚
やリズム感覚を育み、文字や幾何学の学習の基盤となり、子ども自身の「生きる
力」を育む狙いがあります。

2）オイリュトミー

　ギリシャの神殿舞踊が由来となっており、音符や言葉を身体の動きで表現する
独自的体操（ダンス？）です。例えば、母音や子音の響きを手のひらで表現する
のですが、母音は胸から受け止めるような流れがあり、子音は背面を通っていく
流れがあるので、それらを視覚化するのです。これにより、知・情・意を結び付
け、協調性、芸術性、正しい姿勢などを育む狙いがあります。

3）水彩画

　一般的な絵画と異なり、水彩用の絵の具を用いて抽象的な「にじみ絵（ぬらし
絵）」を描きます。湿った紙に描くことで絵の具がにじみ、色と色が響き合い、
新たな色が生まれる美しさを体験します。これにより、子供たちが色彩の声を聞
くことが可能となり、内面から生き生きとした色の輝きを感じることで、心の豊
かさを育む狙いがあります。

第 3 節　キルパトリック（William Heard Kilpatrick）

　キルパトリックはアメリカの教育学者であり。コロンビア大学でデューイの指導を受け、その後継者となります。そして、後の「ジョン・デューイ協会」の基礎となる新教育問題の研究会を立ち上げます。

　1918（大正 7）年に『プロジェクト・メソッド（Project Method)』を発表しており、その中で「教育とは生活である」という生活即教育を大前提としています。この経験（生活）学習は、子どもの生活や興味などの実際の経験に基づき、学習内容を子供自身が設定する目標設定（purposing）から始まり、計画（planning）、遂行（executing）、評価（judging）の段階を経て行われます。この学習を通して、社会的態度（social attitudes）の形成を行うのですが、自立心（self-reliance）、協働（Cooperation）、利己心のなさ（unselfishness）、他者への配慮（consideration of others）などが目標とされています。

第 4 節　パーカースト（Helen Parkhurst）

　パーカーストは 1920（大正 9）年、マサチューセッツ州ドルトンでドルトン・プラン（Dalton Plan）を開始します。モンテッソーリから直接に学ぶべく、イタリアに留学しており、さらに、デューイの『民主主義と教育』からも多くを取り入れています。ドルトン・プランについては既に沢柳政太郎の所で紹介したので、ここでは省略します。

第 5 節　ウォッシュバーン（Carleton Washburne）

　ウォッシュバーンはイリノイ州ウィネトカでウィネトカ・プラン（Winnetka Plan）を開始します。デューイと親交があり、「ジョン・デューイ協会」の創設メンバーの一人でもあります。著書には『子供に合わせる学校（Adjusting the School to the Child)』（1932）があるように、子供中心主義に基づいています。本書は世界的に広まり、カリキュラム設定の際の参考になると話題になります。

　カリキュラムは大きく二つに分けられ、「共通要素」(common essentials) と「創造的集団活動」(creative group activities) とされています。「共通要素では、読み、書き、算数、歴史、地理 (reading、writing、number skills、history、geography) など、従来のカリキュラムが取り上げられています。しかし、単に知識を詰め込むのではなく、社会において多様性を理解し、人間同士が仲間として社会を形成できるように方向付けます。この場合、教育者が個別学習を行い、学習進度や単元の進め方については被教育者のペースに合わせて進行していきます。「創造的集団活動」では美術、音楽、文学、体育 (art、music、literature、physical education) などを集団学習で行い、達成目標を設定せず、お互いの意見を尊重しながら授業が進められます。

第6節　ペーターゼン (Peter Petersen)

　ペーターゼンはドイツの教育学者で、イエナ大学の付属学校でイエナ・プラン (Jena Plan) を開始します。しかし、現在ではドイツではなく、オランダで拡大しています。このプランに共感したオランダのフロイデンタール＝ルッター (Suus Freudenthal-Lutter) が紹介したことに始まります。

　このプランは基本的に異年齢の子供たちで学級が編成されます。社会では年齢の異なる人々の交流が当然なためです。しかも、子供たちの主体性を尊重すべく、教師は「グループリーダー」と称され、子供たちと対等な立場で働きかけます。教室も「リビングルーム」と称され、くつろぎの場をイメージとしています。学習内容は科目で分けることなく、「会話・遊び・仕事・催し」の四つを必ず循環させます。「会話」は子供たちが輪になって、気になった出来事を発表し合います。「遊び」は自由に行わせたり、グループリーダーが提案したりします。「仕事」は一般的な学習の意味で、子供中心主義で行われます。「催し」は一般的な学校行事のことで、協同を意識させます。さらに、「ワールドオリエンテーション」という、日本の「総合的な学習（探究）の時間」のような授業もあります。

　日本ではイエナ・プランに関心を持つ人々が集まり、「日本イエナプラン教育協会」が設立されています。2019 年には長野県佐久穂町にイエナ・プランに基

づく大日向小学校・中学校が開校しています。関心のある場合、協会代表のリヒテルズ直子の著作をお勧めします。

第7節　モリソン（Henry Clinton Morrison）

　モリソンはアメリカの教育学者で、主著が1926年の "The Practice of Teaching in Secondary Schools" です。この教育方法が著者の名前からモリソン・プラン（Morrison Plan）と称されています。1920年代後半から1940年代初頭のアメリカにおいて広く普及しており、子供中心主義に基づきますが、ヘルバルトに由来する五段階教授法を採用しています。このため、デューイとヘルバルトとを融合した形といえます。

　授業は「単元学習」で五段階教授法が用いられます。その順番は探求（Exploration）・提示（Presentation）・同化（Assimilation）・組織化（Organization）・発表（Recitation）の五段階で進められます。前二段の「探究」と「提示」は教師中心主義、後三段の「同化」と「組織化」と「発表」は子供中心主義です。

　特に最終段階が「発表」で終わるという点は、教科書の内容を覚えているか否かをテストするという、従来の評価方法とは大きく異なっています。「発表」においては、教科書の内容を抜き出すのではなく、生徒自身が調べたことを聴衆に解説し、質疑への応答を行うことで、単元の習熟度を証明する必要があります。このため、説得力を高めるようにレジュメや黒板や機器装置など、さまざまなメディアを駆使しての工夫が必要となります。

第8節　ニイル（Alexander Sutherland Neill）

　ニイルは、イギリスのスコットランド生まれですが、ドイツの教育改革運動に共鳴してドイツへ渡り、1921年にドレスデン近郊のヘルナウで学校を創設します。1923年にはオーストリアのウィーン近郊の修道院に学校が移転し、1924年にはイギリス南部のライム・リージス（Lyme Regis）に移り、そこで「サマーヒル・スクール（Summerhill School）」と称して本格的に教育活動を始めます。

1927 年にはロンドンの北東方向にあるレイストン（Leiston）に移転し、「世界で一番自由な学校」として今日も存続しています。昭和初期の日本でもニイルの著書が翻訳されているので、戦前期における日本にも紹介されています。そして、今日のフリースクールに影響を与えています。

　この学校の特徴は、まず、教師の権威を廃止したことです。普通、教師は子供たちに授業を受けるように促します。しかし、ニイルは、押しつけたり、無理に話を聞かせたり、評価したりするなど、強制することを批判します。授業を行うのではなく、授業を受けたい子供に対して教えるのであって、子供が一日中、魚つりをしたい場合、それでも OK なのです。ニイルによると、「子どもたちは強制よりも自由を与えることで最もよく学ぶ」と考えられています。また、卒業の時期は教師側ではなく、生徒が決定します。そろそろ卒業したいと生徒が思った時が卒業なのです。このような教育を遂行するため、ニイルは教員採用の際、「子どもに【くそったれ】と言われたらどうしますか？」と質問し、子供の自由を尊重できるか試すのだそうです。

　このサマーヒル・スクールを参考にして、1968 年にはアメリカのマサチューセッツ州、フレーミングハム（Framingham）に私立のサドベリー・バレー・スクール（Sudbury Valley School）が設立されています。日本では、東京都深沢に「東京サドベリースクール」が開校しています。

第 9 節　フレネ（Célestin Freinet）

　フレネは、フランスの教育者で、教師を目指してフランスの師範学校へ通っていた際、第一次世界大戦のために徴兵され、肺を負傷します。終戦後に公立の小学校に勤めるのですが、大きな声を出すことができず、また、息切れがして話すことが困難でした。すなわち、教師が障がいを抱えた状況で、一般の子供たちを相手にしなければなりません。このため、子供たちは全く言うことを聞いてくれません。今日の「学級崩壊」といえる状況となってしまいます。

1）新しい「教育学的技術（techniques pédagogiques）」を生み出す工夫

　学生時代に教師からの詰め込みによる教育に違和感を覚えていたフレネは、何とか子供たちが主体的に学ぶ方法はないか、工夫します。この工夫が「教育学的技術」と称されるのですが、フレネはさまざまな試行錯誤を重ねます。以下にフレネの実践を紹介しますが、フレネによる教育には決まり切った方法があるわけではなく、彼の理念に賛同した教育者がさまざまな「教育学的技術」を生み出し、その技術をみんなで共有していきます。

①散歩教室

　フレネは自身の教育に悩んでいた際、教師仲間で「散歩教室」という新しい試みが行われていることを知ります。これを活用して、子供たちと郊外の散歩に出かけ、道を歩きながら村人が仕事をしている様子や、四季の野山を観察させます。この際、授業の一環として調査させるのではなく、自然な感覚で感じ取らせることが重視されています。粘土や死んだ小鳥を教室に持ち帰る子供もいたようですが、教室に戻ると黒板に報告を書かせます。

　すると、子供たちはとても活発に書き、子供たちの交流も深まり、子供たちは好奇心と活力にあふれた表情をみせるようになり、何よりもフレネと親しげに語り合うようになります。

②印刷機の活用

　散歩教室という技術を用いることで子供たちと親しくなったものの、教室に戻って教科書を用いて教え始めると、子供たちは退屈して授業に集中しません。そこで、自身の障がいを克服すべく、フレネは印刷機を購入します。当時の学校としては印刷機を利用した授業など行われていないのですが、フレネは、子供たちに活字を拾わせ、印刷機で調べたことをレジュメにさせたり、それをグループで議論させ、発表させたりします。さらに、議論の重ねられた成果を印刷させ、それを教科書として活用します。

　すなわち、教師がしゃべることで教えるのではなく、子供たちが自ら調べて、それを子供たちで話し合わせることで教育を行っているのです。

③自由作文

　フレネは子供たちに自由に作文を書かせ、それを印刷機で教科書に仕上げて、

文法の授業に用います。当時としては、子供たちに自由に作文を書かせたらまともな文章を書くはずはなく、それを教科書に用いるのかと不可能とも考えられており、子供から何を引き出そうとしているのかと当初は批判されます。しかし、子供たちは次々と複雑な表現に挑もうとするようになります。

このフレネの成功から、自由作文は賞賛されるようになります。フレネは、自身の直観と良識で、子供を初めから信頼したが、その信頼は当を得ていたと語っているように、彼の成功は、子供たちへの信頼が根底にあったことが分かります。

④学校間通信

さらに、子供たちの自由作文や新聞を印刷させたり、それらを他校と交換したりします。同じ学級・学校や両親・地域の人だけでなく、遠隔地までつながりが広がることで、子供たちは表現することに意欲的に取り組むようになるのです。これが発展して、遠隔地間での特産品の交換や実際に相手を訪問するようになります。この学校間通信の始まりは、子供たちが無意味な仕事をさせられていると感じないように工夫した結果であると、フレネは語っています。

以上のように、印刷機を用いてさまざまな教育が展開されていますが、「印刷機を用いる」ことが必須なのではありません。「教育にベストやと正解を求めない」とフレネが述べているように、その当時における新しい器機を導入することで、子供たちの関心を引きながら授業を行うことを大事に思っているのです。この授業の場合、タブレットやパソコンなどを用いた「ICT (Information and Communication Technology) 教育」などもフレネなら積極的に取り入れたと思います。また、これまでの学校では用いられたことのない器機を授業に活用しようと、工夫するはずです。

2) 現代学校運動 （Mouvement de l'École Moderne)

フレネは教師の労働組合である C.E.L. (Coopérative de l'Enseignement Laïc) を結成し、そこから「現代学校運動」が生まれ、今日も続いています。教師が教権威的に振る舞い、教科書の内容を教えるという伝統的なスタイルについて、根本的な変革を求める運動です。子供中心主義に基づいて学校側が再適応することが

目指されています。この主張を実現するため、フレネは公立学校の教員を辞め、1935 年にフランス南東部、ニース（Nice）に近いヴァンス（Vence）で自らの学校を始めますが、この学校は今日も存在します。

第 10 節　ブルーナー（Jerome Seymour Bruner）

　ブルーナーはアメリカの教育心理学者です。1957（昭和 32）年、ソ連による人類初の人工衛星「スプートニク 1 号」の成功で、アメリカは科学技術的に先を越されてしまったと慌てます。これを「スプートニク・ショック」と称します。このため、アメリカでは高度な科学技術を支える人材の育成が課題となります。しかし、当時は子供中心主義に基づくため、教師が主導して子供たちに科学技術への興味・関心を誘導することはできません。これにより、子供たちが科学技術に関心を向けるようになるのも時間がかかります。

　そこで、ブルーナーが 1959 年、全米科学者会議で「発見学習」を提唱します。この教育方法は、まず教師が「学問の本質」となる「構造」を提示します。この際、教師が科学技術へと向かう関心をかき立て、自然科学の可能性を子供たちに発見させるのです。すわなち、最初は教師中心主義で進めるのです。その後、結論へ向かう過程を子供たちに辿らせるという子供中心主義を行います。

　このように、教師中心主義と子供中心主義とを折衷したのが「発見学習」であり、その成果が 1960 年に出版された『教育の過程』です。

第 11 節　フーコー（Michel Foucault）

　フーコーはフランスの哲学者で、構造主義に基づき、人間が無意識の内に従っている、目に見えない社会構造を明らかにしています。特に教育関連では、1975 年の『監獄の誕生』での指摘が有名です。近代的軍隊、監獄、学校、工場、病院などが「権力に従順な身体を造り出す装置」であり、それらを通して私たちは知らず知らずの内に、権力の望む範囲内でしか物事を考えられない状態にされている、と告発したのです。監獄と学校とが同一に扱われている点が衝撃的で、

監視・賞罰（制裁）・試験（検査）によって学校は「権力に主体的に服従させる装置」である、というフーコーの指摘には、どのように返答すべきか迷います。このため、子供たちの自由と主体性との育成はどのようにしたら可能なのか、フーコーの意見が気になる所です。

　しかし、残念ながら、フーコーによる教育理論は残されませんでした。同性愛者であることをカミングアウトし、堂々と生きる道を選んだフーコーは、1984年、エイズで死去します。このため、フーコーにとって学校は、同性愛者への偏見を生み出す装置と考えられていたはずです。このような学校において、フーコーは、本当の自由と主体性とを求めるには、自己と向き合い、社会的な慣習にとらわれることなく、自分らしく生きていくことが重要だと、主張したと思われます。

第 12 節　コル（Christen Kold）

　最後に紹介したいのが、1851 年にデンマークのコルが開校した「フォルケホイスコーレ（Folkehøjskole）」です。訳すと「フォルケ（folk、民衆）ホイ（high、高等）スコーレ（school、学校）」ですが、高校や大学ではなく、一般の学校を卒業した後の成人教育機関で、17 歳以上なら誰でも入れる学校です。日本には明治末期に内村鑑三がデンマークの植林事業で国が救われた話を紹介したことから発展し、大正時代に青年を対象とした農業教育を行う機関として協会が設立されます。岩手県花巻市においては宮沢賢治が講師として参加したなどの事例があります。

　ところで、最後に何故、古い学校を紹介するのか、いぶかしく感じるかもしれません。しかし、この学校は現在でも存続し、高校卒業後に何をしたら良いか悩んだり、会社勤めの際にこのままで良いか迷ったりした人が入学し、自分探しをする期間を提供します。日本の場合、考える余裕のないまま次に進む場合があると思いますが、デンマークでは考える余裕が与えられているのです。このため、日本からの留学生には幅広い年齢が認められます。デンマーク人よりも海外からの入学者が多いため、英語でも授業がなされ、現在では農業ではなく、大学の学部のように各専門が選べるようになっており、芸術やスポーツなど、技術系の専

門もあり、色々と試すことが可能となっています。入学試験や期末テストがなく、教育者と被教育者とは対等であり、オルタナティブ教育（代替教育）の参考として学びに行く人もいるようです。

　学生の皆さんの中で、もし人生で思い悩むことがある場合、一つの選択肢としてはいかがでしょうか。実は、この学校の存在に気付いたのは、海外出張から成田空港へ帰る際の飛行機で、隣の席となった日本人の学生が話してくれたことにあります。大学 4 年生で就職活動をしている時、自分が何をしたいのか思い悩み、精神的に不安定となったそうです。その際、その学校に留学していた友人から勧められ、1 年間休学して入学し、日本へ帰国するその日に私と会ったそうです。最初、日本語がたどたどしいので外国人かと思いましたが、久々に日本語をしゃべったせいであり、リハビリになると喜ばれました。英語は苦手でも思い切って入学したそうで、日本語を忘れるほど没頭した様子がうかがわれます。大学に戻って卒業論文を書いたら色々とやりたいことがあり、特にスコーレで学んだ音楽プロデューサーの演習を生かした仕事を目指したいと、目を輝かせていたのが印象的です。日本ではフォルケホイスコーレの経験者が集まる IFAS（アイファス）という一般社団法人が詳しく紹介しているので、関心のある場合、そのサイトを参考にしてください。

宿題：被教育者から「くそったれ」と言われたらどうしますか？

第13章
身体と教育との関係

　前回の宿題では、被教育者から「くそったれ」と言われたらどうするか、考えてもらいました。多分、皆さんは冷静な対処法を考えたと思います。私の場合、「くそったれ」といわれたわけではありませんが、似たような経験があります。例えば、幼稚園補助のアルバイトをした最初の日に、幼稚園の先生が「新しい運動の先生です」と私を紹介すると、何十人もの園児が一斉に私の所へ駆け寄ってきました。園児に囲まれて「かわいいなー」と思っていると、エスカレートしてきて私の足を蹴ったり、股間を握ったりする園児が現れます。見かねた先生が「やめなさーい」と必死に止めてくれましたが、不思議と寛容な気持ちで園児の行いを受け入れた記憶があります。

　フリースクールのアルバイトでは最初の日に担任の先生から、何が起こっても寛容な対応をするよう、お願いされました。幼稚園での一件があったため、今回も大丈夫と考えたのですが、甘いことに気付かされます。「一列に並んでー」と体育館で私が指示をすると突然、「うるせー」と言われ、大変なショックを受けました。その生徒はバスケットボールの際にファールをしたので私が笛を吹くと、「やってねーだろー」と毒づいてきます。他人を怪我させてはいけないので、その度に危ないので気をつけるようにいったのですが、「いちいち俺に指図すんな！」とすごんできます。授業後に担任の先生に相談すると、彼は誰にでも反抗的になり、両親ともうまくいっていないのだそうです。しかし、夜に寝る際、母親の布団に入ってくるのですが、朝起きると元の状態に戻るのだそうです。反抗期でストレスがたまっており、それを緩和すべく、幼少期の肌のぬくもりを求めているのだと思います。二週間に一回のアルバイトだったので、あまり関わってあげられなかったのですが、非力な私の場合、とりとめもない会話をして状況を確認し、見守ることに徹した記憶があります。今、車の免許を取りに行っているといわれた時は、自動車学校の先生はどうしているのだろうと気になりました。

しかし、とにかく自動車学校には満足している様子だったので、余計なことは質問せず、聞くことに徹した思い出があります。

　前置きが長くなりましたが、今回は、これまで「体育」について所々述べてきた点を総合し、身体と教育との関係についておさらいしたいと思います。

第1節　"physical education" の誕生

　体育史など、歴史の本をひもとくと、古代から「体育」が行われていたと書かれています。しかし、プラトンの所で述べましたが、この時代にはまだ "physical education" という言葉は使われていません。そこで、西洋と東洋の心身観を確認し、何故、西洋では "physical education" という概念が誕生したのか、また、東洋ではその概念が形成されなかったのか、についてまとめます。

1）西洋の心身観
①古代ギリシャ〜中世

　人間よりも神を中心とする時代です。例えば、プラトンは、霊肉二元論に基づき、純粋な「霊魂」と欲望の源である「肉体」とに区分します。すなわち、肉体は不純な存在であり、「魂の牢獄」であるとプラトンは考えています。このため、肉体を育成することは悪を増大させることにつながるので、"physical" と "education" とをつなぎ合わせることはできないのです。プラトンの場合は、「ギムナスティケー（gymnastike）」という、今日では「体操」と訳せる運動を奨励しています。すなわち、霊魂が不純な肉体の影響から逃れるよう、体を思い通りに操るための訓練（体操）なのです。このため、身体を育成するためではなく、運動を手段とした精神のための教育を意味しているのです。

②ルネサンス以降

　神よりも人間を中心とする考え方が芽生えてきます。このため、欲求など、人間性を肯定する場合が認められ、また、喜びを重視するため、陸上競技や球技や音楽などが重視されます。しかし、「我思う故に我あり」で有名なデカルトの心身二元論では、精神と身体とが同等に扱われていません。デカルトの『方法序説』

（1637年）によると、精神と身体とは上下関係で考えられており、精神が命令する側なので主体、身体は命令される側なので客体と考えられています。このため、身体は「精神の道具」であり、石や鉄の無機物と同等に考えられており、教育の対象とはなりえません。

　しかし、ライプニッツの『モナドロジー』（1714年）ではデカルトとは相違する心身観が認められます。ライプニッツの場合、身体が無機的な機械ではなく、魂を持つ有機的な生命体と考えられています。そして、ルソーの『エミール』（1762年）では、人間が生まれたときは自然の状態で善であり、その後、社会に接することで悪へ通じるようになると述べられています。すなわち、プラトンにおいて悪だった身体は、ルソーにおいて善と考えられるようになっています。このため、ルソーは、身体能力（技能・五感）の強化について、生理学的な観点からその必要性を強調しています。また、生きることとは単に呼吸することではなく、活動することと考えられており、器官、感官、能力などを用いた身体技能の育成について述べられています。さらに、五感（視覚・聴覚・嗅覚・味覚・触覚）は知識の材料となるため、例えば「視覚の物差し」など、目で見て正確な距離が測定できる認識訓練が行われています。このように身体の育成を重視するため、ルソーがエミールに期待する将来の職業は、研究者や政治家ではなく、箱、椅子、机、筆筒などの家具を作り上げる職人、すなわち指物師です。

　③ペスタロッチ

　ルソーの『エミール』では"physical education"に相当する言葉は用いられていません。しかし、ペスタロッチは、主著である『ゲルトルート』（1801年）において教育目的を知・徳・体の三つに区分し、1803年には"intellectuelle Elementarbildung（知性教育）"・"sittliche Elementarbildung（徳性教育）"・"phüsische Elementarbildung（身体教育）"という言葉を用いるようになります。これら三つは、今日の研究者によって"Head・Heart・Hand"と示される場合があります。このように、ペスタロッチは、身体を教育の対象と認め、さらにその概念に「身体教育」という言葉をあてているのです。

2）東洋の心身観

①仏教

身心一如を基本とします。「空即是色　色即是空」という言葉で代表されるように、精神のように見えないものと、身体のように見えるものとを区別することなく、同じものと考えます。実際、人間は普段、精神と身体とが一つのものとして生活しているので、日常生活に即した考え方といえます。

②儒教

儒教では「身」という言葉が用いられますが、身体のみならず、行為の主体である己自身（精神）をも意味します。このように儒教でも精神と身体とは一つのものとして考えられています。

③道教

荘子の「胡蝶の夢」の例で説明しましたが、夢と現実との間に絶対的な区別はなく、この世は全て一体である、ということが示唆されています。このように相違するものを区別することなく、一つのものと考える東洋思想の特徴が現れています。

　　以上から、東洋思想では、精神と身体とを区別する思想が無かったことが分かります。このため、身体面だけを育成するという概念は東洋思想においてはありえないのです。その一方、西洋思想では、精神と身体とを区別するのが一般的であり、身体を教育の対象と考えるようになります。このため、"physical education" という概念が西洋思想において誕生するのです。

第 2 節　"physical education" の初出

　　ところで、知・徳・体の三区分を最初に用いたのはペスタロッチではありません。したがって、ペスタロッチ以前に "physical education" という概念は存在していたのです。

　　それでは最初の "physical education" はいつから現れるのでしょうか。一般的にはロックによる 1693 年の『教育に関する考察』が最初と考えられています。

しかし、これは誤解で、現在刊行されているロックの全集の目次には "physical education" の項目がありますが、目次は後世の研究者が追加したもので、ロック自身は "physical education" という言葉を使用していません。ただし、目次が加えられる際、"physical education" という言葉を使用したくなる概念が認められることは重要です。すなわち、ロックの教育論には "physical education" という言葉が生み出される萌芽があるのです。ルソーの『エミール』（1762 年）では身体は「善」の根源と見なし、身体を教育の対象として認めています。1803 年にはペスタロッチが "phüsische Elementarbildung（英：physical education）" という言葉を用いています。

　そこで、"physical education" の初出を探るべく、言葉の歴史が書かれている『オックスフォード英語辞典』で調べると、1748 年となっており、しかも、1719 年のフランスで出版された著書にある "éducation physique" の翻訳とあります。すなわち、英語が最初ではなく、フランス語が由来となっているのです。さらに、フランスの国立図書館のカタログを調べると、1700 年代から "éducation physique" に関する著書が出版されています。そして、その内容を見ると、身体の育成を目的とした教育が述べられているので、目的論的概念に基づく身体のための教育（身体教育）を意味しています。現在分かっているのはここまでで、今後は書名からのみならず、教育に関する著書や雑誌なども調べて、さらに初出を追っていく必要があります。

　しかし、初期の概念が身体教育であることが分かった点は重要です。その後、世界中に広がるペスタロッチの教育学では、目的論的概念に基づくことは変わっていないものの、概念が「身体（目的）教育」のみならず、「身体（手段）教育」も認められるように拡大しているからです。

第3節　「体育」とは何であったか

　それでは何故、体育史は古代から始まっているのでしょうか。この理由は、「体育」の概念が時代と共に変わっているからです。今日、私たちが使っている「体育」の概念は方法論的概念に基づく、運動を手段とした（もしくは、通しての）教育（運

動教育)です。この概念から過去を見ると、古代にも同じ行いが認められるのです。

　言葉を考える際、大事になるのが「言葉」と「概念との関係です。「言葉」は文字として「見えるもの」ですが、「概念」は文字の意味する内容もしくは考え方なので「見えないもの」です。具体的な例としてこの本では、"Made in Japan" という言葉を以前に取り上げています。"Made in Japan" とラジオなどの製品に書かれてあると、戦前には「安っぽい」とか「壊れやすい」と考えられましたが、戦後には「品質の良い」や「高性能」など、その概念は 180 度変わっています。すなわち、"Made in Japan" という「言葉」は戦前も戦後も使用されているのですが、その「概念」は異なるのです。そして、今日、私たちは「体育」の概念を運動教育と考えるのが一般的なため、この概念から過去を眺めるとプラトンに行き着くのです。また、ルネサンス期にも教育上で運動が重視されているので、体育史で取り上げられているのです。

　ところで、先程、1700 年代から現れる "éducation physique" は、目的論的概念に基づく身体のための教育(身体教育)を意味していることを述べました。特に、今日の医学書のような内容であり、スポーツ技術の向上については触れられておらず、まさに教育生理学といえる内容となっています。したがって、ここでの「体育」は身体面の育成に偏った概念となっています。しかし、ペスタロッチの場合、知・徳・体の育成を目的とする原則（目的の原則）と、知・徳・体の育成手段を用いて、他の領域を育成する原則（手段の原則）との二つの原則が認められるため、身体教育の概念には、「身体（目的）教育」のみならず、「身体（手段）教育」との二つの概念が認められます。このため、ペスタロッチ主義に基づく教育学者の中には、「身体（手段）教育」の概念だけを取り上げ、"physical education" を知・徳の精神教育として扱う場合も認められます。

　この二つの概念が明治初期の日本に紹介されるため、明治初期に日本で普及する「体育」は、目的論的概念に基づいて身体面の育成が目指されますが、それのみならず、知・徳の精神面の育成が取り上げられる場合もあるのです。

　したがって、日本に紹介された "physical education" の概念は、1700 年代に現れる最初の概念とは異なっているのです。

　しかし、明治 20 年代にヘルバルト主義が普及すると、身体教育の概念は否定

されます。これに代わって、教育以前の準備段階に位置づけられる身体養護の概念が現れます。さらに、森有礼の影響から運動教育の概念も「体育」に加えられ、ここから単に運動をしていれば「体育」と見なす概念も派生します。このため、私たちは「体育」と「スポーツ」とを混同するようになるのです。

第4節　「体育」と「スポーツ」との相違

　「体育」の英訳は、"physical education" とするのが一般的です。しかし、日本における「国民の祝日」の一つに「体育の日」が以前にありましたが、この英訳は "Health - Sports Day" です。また、国民体育大会（通称、国体）と称される大会が以前にありましたが、これを主催した「日本体育協会」は、英名で "Japan Sports Association" です。このように、公的に「体育」の英訳として "sports" が用いられていたのです。しかも、今日では両者とも「スポーツの日」と「日本スポーツ協会」とに改称されています。

　このように、日本では、「体育」と「スポーツ」とが同一のものと見なされ、区別されていないことが分かります。しかし、「体育」と「スポーツ」という言葉は、以下に述べるように起源を異にし、その概念を比較すると、本来、別のものです。

1）「体育」について

　漢字は中国で発明され、日本へは一説によると紀元前3世紀（弥生時代）頃、伝わったといわれています。しかし、「体育」は、前にも述べましたが、明治時代から使われるようになった言葉で、日本人による造語です。幕末から明治維新期に当たる 1860 年代は、欧米において "education" を "intellectual・moral・physical" の三つに区分するペスタロッチ主義が普及しており、それら三つの教育を「知育・徳育・体育」と翻訳する過程で、「体育」という言葉が生まれたのです。このように、日本における漢字の使用は古いのですが、江戸時代までは「体育」という言葉が存在しなかったのです。この言葉が明治時代以降、中国や韓国など、漢字を使う国々へ普及していきます。

　ペスタロッチの述べる身体教育は、単に身体面の育成だけを目的としておらず、その内容は幅広く、多義的な概念です。すなわち、「身体教育」は「身体（目的）教育」と「身体（手段）教育」との二つの概念から成り立っています。このため、運動や衣食住の衛生による身体の育成に止まらず、その育成を通して、子供たちの知・徳の育成も目指されています。すなわち、今日、盛んに主張されている「食育」も、健全な心身を培い、豊かな人間性を育むことを目的としているので、ペスタロッチの身体教育に含まれているといえます。また、運動やその技術に関しては、体操やスケートなど、今日のスポーツに通じる運動の他、感覚器官を通しての数・形・語の学習、描画などの図画、手工や農作業の技術、食事や洗濯や縫い物などの家事、語学や唱歌などの発声術も身体教育として考えられています。今日の教科目でいうと、「体育科」のみならず、全ての教科目に身体教育が関わってくるのです。また、今日の「体育」は、「運動を手段とした教育（運動教育）」もしくは「スポーツ」を意味するので、ペスタロッチの身体教育よりも手段的に狭い概念となっています。

２）「スポーツ」について

　運動教育を意味する「体育」と「スポーツ」とを比較すると、運動を行うという点で共通しており、両者の相違が分かりづらいと思います。そこで、「スポーツ」という言葉の歴史をたどってみたいと思います。

　日本において「スポーツ」とカタカナ表記されるのが一般化するのは、大正時代に入ってからです。それまでは、"sports" の訳語として「遊戯」などが用いられています。例えば、日本で最初の運動会といわれている「競闘遊戯会」が行われたのは 1874（明治 7）年ですが、その欧文名称は "Athletic Sports" です。

　"sports" の語源は、ラテン語の "dēportāre"（デーポルターレ）といわれています。その意味は、「運び去る、運搬する、追放する」であり、その後、悲しみや日常の煩わしさから、「気持ちをそらす」や「気晴らし」に推移して行きます。したがって、"sports" は、身体活動や闘争という要素を不可欠とする言葉ではなく、本来、娯楽一般を意味する言葉です。このため、トランプ・ゲームのブリッジ、ボード・ゲームのチェスなどは、国際オリンピック委員会の承認競技となっており、アジ

ア競技大会ではシャンチー(中国象棋)や囲碁が行われています。これらのスポーツは、特に、マインドスポーツ（mind sports）とも称されます。日本では花札や将棋をスポーツとする認識が薄いことから、世界の認識とは隔たりのあることが分かります。

　結局、スポーツは、英語辞書に "play and game" と示されているように、娯楽一般を意味しますが、自然・動物・人間と技を競い合う "play and Game" であり、さらに人間にとって安全に配慮されたルールを必要不可欠とします。例えば、ボクシングはただの殴り合いではなく、グローブをはめて安全に配慮したり、倒れて 10 秒以内に立ち上がれなかったりした場合、勝敗が決まるなど、ルールが定められています。しかし、自然環境の利用による汚染・破壊やハンティングによる動物の殺傷など、自然・動物への配慮が欠ける場合があり、今後の課題といえます。また、決まった動きを繰り返すため、体の特定部位に負担がかかり、必ずしも健康に結びつくとは限りません。

　以上のように、「体育」と「スポーツ」とは、活発な身体活動を伴う部分がある点で共通しています。しかし、教科目である「図画工作科・家庭科」とボード・ゲームである「チェス」とを比較した場合、その相違は明確です。したがって、「体育」と「スポーツ」とは同じものではなく、「体育」という教科目の一手段として、「スポーツ」が活用されているのです。しかも、この場合の「スポーツ」は、健康に配慮がなされた、活発な運動を伴う種類の「スポーツ」に限定されているのです。

宿題：歴代の体育の先生で思い出に残っていることを書いてください。

第 14 章
「体育」と学校における運動教科との関係

　宿題では体育の先生の思い出について書いてもらいました。学生に聞くと、とてもユニークで、優しかったなど、良い印象で語られることが多く感じます。しかし、遠い過去には体育の先生というと、一般的に怖かったという印象で語られることが多いようです。サングラスをかけ、片手に竹刀、片手にストップウォッチというステレオタイプで語られたりします。体育の先生について私自身は、扱いづらい生徒を見守り、頼りになる先生という印象があり、私が体育の教員免許を取得した理由の一つと感じています。

　今回は、「体育」と学校における運動教科との関係について述べたいと思います。

　明治初期の日本では、"physical education" を翻訳する過程で「体育」という言葉が造語され、それと共に、教育を統括する法令の「学制」では、運動に関する教科目として「体術」が設置され、次の年には教科目の名称が「体操」と改称されることを前に述べました。この教科目が「体育」という名称になるのは、アジア・太平洋戦争後です。このように、教科名が「体育」となるまでには時間がかかります。そこで、その歴史的経緯について述べていきます。なお、「体操」という教科名の下、体操だけでなく遊戯なども行われていますが、煩雑となるため、その他の点については省略しています。

第 1 節　明治初期

1）欧化政策

　欧米から、といっても主にイギリスとアメリカからですが、ペスタロッチ主義が日本に紹介されます。江戸時代の鎖国政策から一転し、欧米の文化や科学技術を積極的に導入する欧化政策をとるようになるためです。ペスタロッチ主義では、教育目的を知・徳・体の三つに区分するため、日本では「三育」と称される場合

があります。そして、全ての教科目において知・徳・体の三つの育成が目指されます。

2）「体育」の概念

最初の「体育」は、目的論的概念に基づく【身体教育】を意味します。その手段は、運動に限らず、衣食住の衛生と、体を休める休息など、身体を健康にするための手段全てがあてはまります。また、ペスタロッチ主義に基づくため、身体教育の概念は、目的の原則と手段の原則との二つの概念で構成されています。一つ目が身体の育成を目的とした教育【身体（目的）教育】、もう一つが身体の育成を手段とした知・徳の教育【身体（手段）教育】です。

3）運動教科

1872（明治 5）年の学制は、日本で最初の近代学校教育制度に関する基本法令であり、教科目に関しても規定しています。その中で、運動に関する教科目には「体術」が示されますが、次の 1873（明治 6）年には「体操」と改称されます。この「体操」という名称は、アジア・太平洋戦争が始まる 1941（昭和 16）に「体錬」と改称されるまで約 70 年間、続きます。この「体操」では最初、主に「軽体操（light gymnastics）」が行われますが、今日のラジオ体操に近く、曲に合わせた連続体操です。ちなみに、「ラジオ体操」は NHK が 1928（昭和 3）年に開始したものであり、「軽体操」とは関係ありません。この「軽体操」の他に「重体操（heavy gymnastics）」もありましたが、跳び箱や鉄棒などのことで、今日の器械体操にあたります。この「重体操」の方は負荷が大きいということで、軍隊で行う体操とされ、当初、学校では採用されていません。

以上のように、明治初期の「体育」は教科目の名称ではなく、全ての教科目で身体の育成を目指すという、教育理念の一つです。したがって、「体育」と運動教科の名称である「体操」とは区別して考える必要があったのです。

第 2 節　明治 10 年代前半

1）新しい概念（「身体の能力」）の紹介

　1879（明治 12）年に外務卿代理の森有礼（後の初代文部大臣）は、明六社の講演会で「教育論 ― 身体ノ能力」を発表します。この「身体ノ能力」という言葉には当時の身体教育を意味する「体育」とは異なる概念が認められます。なぜなら、森は、スイスなどの軍隊教育で行われている「兵式」の体操を用いて、三育説の知・徳・体に「知仁勇」の「三徳」をも加えるべきと主張しているからです。特に「体」の場合、精神面の「勇気」の育成が重要であると述べられています。

2）「身体ノ能力」の概念

　森は、これまでの「体育」に加え、新たに兵式による体操という「身体ノ能力」に関わる手段を用い、勇気という徳性を形成する必要があると主張しています。このため、「身体ノ能力」には、方法論的概念に基づく、運動を手段とした（通しての）教育【運動教育】という新しい概念が認められます。

3）運動教科

　教科目では、身体の健康維持と育成を目的に、引き続き「軽体操」が行われています。そして、森の主張する兵式による体操は採用されませんでした。したがって、以前と変わっていないので、「体育」と「体操」とは区別して用いられています。

第3節　明治 10 年代後半

1）森有礼の初代文部大臣への就任

　森の就任後、学校で兵式体操が採用され、それを「体育」と表現するようになります。「体育」という言葉が普及していた当時、【身体（手段）教育】の概念でも把握しうるため、混乱なく受け入れられたようです。兵式体操を通して、精神面の規律・秩序が目指され、具体的には、最初に森が従順・友情・威儀の三気質としますが、元田によって順良・信愛・威重に変更されます。

　したがって、「体育」は【身体教育】と共に、【運動教育】をも意味するようになります。

2）「体育」の概念

　この当時、【身体教育】と【運動教育】とが混在しますが、両者は異なる概念です。【身体教育】の場合、身体を育成するという目的が最初にあり、それを達成する手段として衛生（衣食住）や運動を選択するという、目的論的概念に属します。【身体（手段）教育】の概念も含まれますが、この概念が【身体（目的）教育】よりも先に来ることはありません。【運動教育】の場合、運動という手段が最初にあり、その手段を用いてどのような身体と精神とを育成するかを考えるという、方法論的概念に属します。

　このように、両者は、目的と手段との順序が逆なので、別の概念なのです。

3）運動教科

　【身体教育】の場合、全教科目が対象となるため、全ての教員の役割となります。しかし、【運動教育】の場合、「体育」と運動教科である「体操」とが一致するため、体操科教員の役割となります。ちなみに、「兵式体操」が採用されたことにより、「軽体操」が「普通体操」に改称されます。

第4節　明治20年代

1）ドイツのヘルバルト主義の紹介

　ヘルバルトは、教育目的を精神面に限定しています。身体面については“Körperliche pflege（英語の physical care）” と表現し、教育とは区別しています。そして、身体面は教育を行う以前の準備段階に位置づけられ、教育学ではなく、医学・衛生学の役割とされています。このため、【身体教育】の概念が否定されているのです。“Körperliche pflege” は日本に紹介された際、「身体養護と翻訳されています。

2）「体育」の概念

　ヘルバルト主義を支持する日本の教育学者が【身体養護】の概念に「体育」という言葉をあてはめます。この理由は、旧来のペスタロッチ主義を支持する側か

ら「体育」の否定を批判されたためです。しかし、本来、教育とは区別されている【身体養護】の概念に「体育」をあてることはできません。その後、ヘルバルト主義が主流となって行くことで、【身体養護】を意味する「体育」が一般化します。

したがって、「体育」は【身体養護】と【運動教育】とを意味するようになります。

3）運動教科

【身体養護】は教育を行う以前の準備段階なので、教科目とは関係なく、医学・衛生学者の役割となります。【運動教育】の場合は、「体育」と「体操」とが一致するため、体操科教員の役割となります。普通体操と兵式体操が並立しますが、森の暗殺で、兵式体操は軍事目的に利用されることとなります。

以上の【身体養護】と【運動教育】における役割分担は、今日の学校に影響しています。例えば、【身体養護】では「養護教諭」が、【運動教育】では「体育科教員」が主に担っています。

第5節　アジア・太平洋戦争後

1）アメリカからの影響

1945（昭和20）年の敗戦で日本は、戦勝国のアメリカの影響を受けて大きく変わります。例えば、戦後に義務教育が6年間から9年間に延長され（6・3制）、新制の中学校が設立されたことは前に述べました。

2）「体育」の概念

アメリカでは "physical education" の概念が "education through the physical" でした。すなわち、日本における【運動教育】と同一です。この影響から、【身体養護】を意味する「体育」は消滅します。

3）運動教科

アメリカでは、運動に関する教科目も "physical education" という名称でした。これを参考にしたため、日本では運動の教科目を「体育」と称するようになります。

　さらに、昭和 30 年代以降、学習指導要領の総則の 3 番目で「体育」への言及があり、「体育」について教育活動全体を通じて行うように明記されます。後に「第 3 体育」と称されるようになりますが、学習指導要領では「知・徳・体」という文言も用いられています。すなわち、「第 3 体育」はペスタロッチ主義の復活と言えます。

　しかし、特別活動の運動会や課外活動の部活動などは盛んに行われますが、全ての教科目で身体の育成がなされている様子は、現在の所、認められません。概念として【身体養護】と【運動教育】の歴史が長いため、教育学では「体育」を扱う様子はなく、主に体育科教員の役割という認識が続いているように感じられます。

宿題：次回は「まとめ」です。これまでの授業で印象に残っている点を書いてください。

第 15 章
授業のまとめ

　宿題では、これまでの授業で印象に残っている点を書いてもらいました。この本は教育に関する哲学と歴史について述べているため、特に理系の学生の場合、関心を持って付いてきてくれているか、毎回のように不安になります。この不安を払拭すべく、分かり易い具体例を取り上げたり、飽きさせないように余談を入れたりしています。しかし、本題よりも余談の方が頭に残っている場合があるようで、イギリスの食事を第一印象にあげる学生がしばしばあります。それらの中には、あの黒い液体のことを調べてみました、と言ってくれる学生もいました。

　余談をきっかけに、本題であるコメニウスやミルトンやロックの教育を思い出すことで、いつの日かこの講義が役立ってくれることを期待しています。さらに、ヨーロッパや東南アジアなど、海外へ行って見聞を広げたい、と思えるようになることを願っています。

　今回は授業のまとめです。みなさんが指導する側になった際、講義の中から再度、思い出してほしいことと、いくつかの付け足しを述べたいと思います。

第 1 節　「教育」とは

　この本では、何をもって「教育」と考えるのか、という文書から始めました。色々な定義が可能なのですが、簡単に述べると、「教育」とは「教え・育てる」ということです。すなわち、教えただけで終わりではなく、育たないと意味がないのです。「勉強しなさい」と不平・不満を伝えるだけでは、言われた方は「今やろうと思っていたのに」と不平・不満を受け継ぐだけです。自ずと勉強する習慣が身についてこそ、教育を行ったと言えるのです。

　他の動物とは異なり、人間は理性を備えています。しかし、コメニウスやカントが述べているように、教育されなくては人間になることができません。教育は

本能に頼る犬・猫・猿には無い概念であり、だからこそ私たち人類は地球上において、自らを「ホモ（人類）・サピエンス（知恵のある）」と名乗っているのです。

　しかし、知恵があるといっても、この地球上での話に過ぎません。なぜなら、宇宙におけるダークエネルギーやダークマターのように、解明できていないことが多々あるからです。カントが今日の国際連合のような機関によって、理念の実現と正義の追求を求めていますが、知恵のあるはずの私たち人類には戦争が絶えません。かえって、理性に基づいて正義を追求するあまり、正義と正義とがぶつかり合っている状況です。東京の高尾山には「さる園」があり、私が上方から谷底にいる猿を眺めていた際、食事の取り合いで猿がケンカを始めました。分け合えば良いのに、と私が呆れていると突然、私の上方から「お前たちも同じだ」という声が聞こえ、ハッとして空を見上げた事を思い出します。

　高等教育機関である大学では、過去における間違いを批判し、新しい事実を加えるために「研究」が行われます。そこで大事になるのが「客観的な事実に基づく批判」です。私たち人類を客観的に捕らえるためにも、2016（平成28）年に世界的なベストセラーとなった『サピエンス全史』（ハラリ、柴田裕之訳）をお勧めします。私たちホモ・サピエンスと同時に、ネアンデルタール人やホモ・エレクトスなども存在しましたが、他の人類は全て絶滅しています。また、地球上では大規模な動物・植物の絶滅が何度か起こっています。そういった中で、なぜ私たちホモ・サピエンスが絶滅することなく、生き残ってこられたのか、について知ることができます。これによって、世界的なベストセラーとなった理由が分かります。

　さらに、教育を行う際には、被教育者の「心身の準備状態」を意味する「レディネス」を見極める必要があります。また、人間は生まれてから立てるまでに1年程かかるように、「生理的早産」という特徴が認められます。この1年で心身両面に対し、他の動物よりも早期に関われることで、精神面では言葉や社会性の発達を促し、身体面では脳を大きく発達させ、五感を育みます。特に、肌のぬくもりは親子間の絆の構築に関わってきます。

　このように、心身両面からの教育が不可欠なのです。

第2節　「学力」の偏重への反省

　「学力」とは「学校で習った能力と考えるのが一般的だと思います。江戸時代には読み・書き・そろばんと考えられていたとすると、今日では数多くの教科目が並びます。これらの教科目は、自分が学びたいと思うことだけではなく、色々な方面からの要求があって増加しています。以前に「教育改革」について述べた際、自己向上力の充実（自身）、良き市民の形成（市民社会）、有能な労働者の形成（産業界）という三方面の要望から教科目が決まっていることを話したと思います。江戸時代から比べると、学ばなければならないことが多く、子供たちの負担が年々増加していく状況は心配になります。

　学力を測る一例として、偏差値があります。とても便利な指標で、勉強をする際のモチベーションともなります。大学としては、似た偏差値の学生を集めることで、指導しやすくなります。しかし、社会に出れば分かるのですが、偏差値がそのまま人間性を示すとは限りません。会社では交渉ごとが増えるため、ヘルバルトで述べましたが、知識の量よりも最終的には「交際の技術」が大事になってきます。歴代の教育学者は、知識の獲得方法を工夫していますが、それに止まらず、人間関係や社会性の構築なども取り上げています。これらの理論は学校に取り入れられているのですが、進学を考える場合、学力の向上に偏重せざるを得ない状況のようです。

　この反省から、近年、デューイに由来するアクティブ・ラーニングや問題解決学習や総合的な学習（探究）の時間などが取り入れられています。フレーベルの影響から、デューイは、子供たちが生活に根ざした問題について探究する活動を重視し、共同的・相互扶助的な意識を形成し、成熟した社会の営為や仕事を子供の段階において再現することを目指しています。今後もデューイの重要性は増して行くと考えられるので、勉強を欠かさないよう、お願いします。岩波文庫の『学校と社会』（デューイ著、宮原 誠一訳）がお勧めですが、最近出版された入門書としては岩波新書の『ジョン・デューイ － 民主主義と教育の哲学』（上野正道、2022 年）が良いと思います。

第3節　理性と感情

　人間は理性を備えているため、それを育成して行くことが必要となります。しかし、人間は理性だけではなく、感情も備えています。あの先生は嫌いなど、感情に左右されて聞く耳を持ってくれない場合があるのです。映画『男はつらいよ』で寅さんは、「人間はね、理屈なんかじゃ動かねえんだよ。」と言っています。すなわち、教育者は、被教育者の理性だけではなく、感情も視野に入れる必要があるのです。

　ペスタロッチは、「徳性教育」において、口頭で道徳を説明するのではなく、子供の「感情を喚起」することに徹するべきであるとを主張しています。すなわち、相手の理性に対してではなく、感情に訴えているのです。それによって、愛や信頼や感謝という「人間愛の芽」を芽生えさせ、さらに、母親の愛を忍耐強く待つことで救われた経験が克己心や従順の能力を育成し、「人類愛の芽」へと拡大させるのです。

　ヘルバルトは、「管理」において、教育を行うための準備として、教育者と被教育者との間に良好な関係を築く必要があると述べています。「信頼と愛」が無い場合、教育へと進むことが出来ないという指摘は大事だと思います。学校の担任の場合、子供たちが担任を選ぶのではなく、4月の授業開始までに既に決められています。担任としては「管理」の段階が無く、いきなり「信頼と愛」を築きながらの学級経営なので、大変だと思います。せめて、フレネで述べた「散歩教室」のようなおおらかさが認められれば助かるのでは、と感じます。

　あと、私が参考にしている諺を紹介します。

・You can take a horse to water, but you can't make him drink.
　（馬を水辺に連れて行くことができても、水を飲ますことはできない。通称：水辺の馬）
・角を矯めて牛を殺す　四字熟語：矯角殺牛）
　（小さな欠点を無理に直そうとして、かえって全体をだめにすること）
　被教育者が自ら水を飲もうとするにはどのようにしたらよいのか、また、欠点と見えても誤解かもしれないので、それを生かせる方法はないのか、と悩

むことが大事だと思います。

第4節　子供と大人の教育可能性

　人間には「教育可能性」という、教育者が教育することによって、被教育者を変えることができる、という性質があるとされています。「陶冶性」とも表現されますが、「陶」は「練りあげる」、「冶」は「とかす」を意味するので、教育者が理想と考える性格形成を行います。普通、幼少期には高い陶冶性が認められますが、大人になるにつれて減少するようです。大人の場合、性格を変えることは難しいため、幼少期における教育が重要となるのです。

　教職課程を履修する学生にとっては、教育の場を考えた場合、学校を思い浮かべるのが一般的だと思われます。しかし、教育を区分する際、家庭教育・学校教育・社会教育という区分があるように、学校に限られません。この場合、教育者は親・教師・上司や先輩となります。この本では、最初に述べたように、指導を行う全ての人々にとって参考となるよう、心がけています。このため、被教育者は子供だけでなく、大人も対象となります。しかし、教育可能性を考えると、子供と大人とはかなりの相違があります。

　大人の場合、教育可能性は低く、性格を変えることは難しいのですが、考え方を変えることは可能です。極端な例ですが、言論界で左翼と右翼と考え方が対立している際、両者の間を右往左往する論者を見かけます。私なりの見解では、被教育者が大人の場合、教育者がやってみせることで説得するしかないと感じます。

　その他には、私が大学院生の時、アラン（Alain）の道徳教育論を習ったのですが、それが参考となります。その教育論とはすなわち、「みんなで気分良く過ごしましょう」と考えるだけで道徳教育は済むのであり、長い時間をかける必要は無いと習いました。アランとはペンネームで、本名はエミール＝オーギュスト・シャルティエ（Émile-Auguste Chartier）です。彼の『幸福論』（1925年）によると、人間は幸福になろうと考えないと、幸福にはなれないのであり、それは心と体の使い方で決まると述べられています。アランは、健全な身体が精神の平静につながることを強調し、不運や些細な事については上機嫌にふるまうべきと説いてい

ます。岩波文庫に『幸福論』（神谷幹夫訳）があるので、実際に読んでみること
をお勧めします。年を取ると若い頃と相違し、身体の不調が増えてイライラさせ
られます。私も若い頃と比較すると、心身共に柔軟性を欠いていると感じます。
このように、教育を考える場合、心身の両面から考える必要があるのです。とに
かく、私は年を取ったら偏屈なおじさんにならないよう、気を付けたいと思って
います。

第5節　自然主義と陶冶主義

　教育学では、自然主義と陶冶主義という正反対の概念があります。前者はルソー
を、後者はヘルバルトを思い起こしてください。自然主義の場合、教育者側の理
想ではなく、被教育者側に素質を見出し、それを種子と考え、開花させるように
育てます。その種子が木の幹へと生長し、花を咲かせて果実を実らせるイメージ
から、放任主義と感じられるかもしれません。しかし、水や肥料を与えたり、周
りに草が生い茂ったら刈ってあげたりするように、手間暇をかけて育てます。そ
の一方、陶冶主義の場合、教育者の思い描く理想に沿った性格形成を行います。
このため、強制主義と感じられるかもしれません。しかし、いじめをしてはいけ
ないという自覚を喚起したり、危険な行為を避けるように自律的な精神を養った
りするように、被教育者の将来を考えて行います。自然主義は「お百姓さん」だ
とすると、陶冶主義は「陶芸家」をイメージすると、覚えやすいと思います。

　皆さんは教育者となった場合、自然主義と陶冶主義とのどちらを用いたいと考
えるのでしょうか。学生に聞くと、自分の個性を尊重してくれる自然主義、もし
くは悪い所をきちんと対応してくれる陶冶主義のように、答えが分かれます。し
かし、私の場合はどちらが正解というのではなく、自分の好みに合った方を選択
すれば良いと考えています。実際に正解は無く、被教育者を目の前にすると、結
局、両方が必要となるからです。極端な例を挙げると、今日、資本主義と共産主
義とで対立していますが、資本主義側では私有財産の格差を緩和する福祉政策が
とられ、共産主義側では平等とはいえない私有財産を認める場合があります。両
者とも本来の理念から離れた政策がとられていますが、社会的不安定を防ぐため、

実際には調整が必要となるのです。

　哲学上、自然主義と陶冶主義のように区別できますが、考え方がどちらかに偏って硬直すると、安定を欠く場合が生じます。哲学とは、決まった原理を守り抜くということではなく、自分自身や世界に対して疑問を持ち続け、常に客観的に探究していくことです。本書を学んだ際、単一の価値観だけを信奉し、他の価値観を排撃する「原理主義」に陥らないよう、お願いしたいと思います。

　両者が必要という点では、自由に対する規律ということがあげられます。自由ばかりでは人を殺すのも自由となります。このため、規律も必要となるのです。教育学を学ぶ際、イギリスのパブリック・スクールを知るための参考書として、岩波新書の『自由と規律：イギリスの学校生活』（池田潔、1949 年）があげられます。「新書」とは、学問の内容を初心者でも分かり易く書かれてある本で、細長く、手に取りやすい大きさのものです。理系の学生の場合、「ブルーバックス」という講談社の新書シリーズが有名です。『自由と規律』に関しては、教育学を学ぶ学生にはお勧めですが、教職課程を学ぶ学生にとっては必読の書とはいえないかもしれません。しかし、「自由」と「規律」とは正反対の概念ですが、両方を両立させる必要があることを知ってほしいと思います。

第6節　実質陶冶と形式陶冶

　世界初の絵入り教科書である『世界図絵』（1658 年）を出版したのがコメニウスですが、この際に実質陶冶の説明をしています。実質陶冶は、学習内容（知識・技能）の実際的な価値に注目して、その習得を重視します。これに対して、形式陶冶は、学習内容が手段に過ぎず、学習内容の習得よりもそれを手段として（もしくは、それを通して）、他の目的の達成を目指します。例えば、語学の場合、その語学を活用できるようにするのが実質陶冶で、語学を手段とした人格形成（例えば、創造力、問題解決能力、判断力などの育成）を重視するのが形式陶冶です。陸上競技の短距離走の場合、50m を速く走れるようにするのが実質陶冶で、速く走れることよりも、一所懸命に頑張る強い意志の育成などを目指すのが形式陶冶です。

　ペスタロッチの場合、「身体教育」には、「身体（目的）教育」と「身体（手段）教育」との二つの概念が認められますが、前者が実質陶冶で、後者が形式陶冶といえます。両者を同時に追求して行くのは大変で、ペスタロッチ自身、亡くなる直前に、探究の途中で世を去ってしまうことを嘆いています。是非、私たちがその志を継いで行けたらと思います。また、ヘルバルトの場合、ペスタロッチの「身体教育」の概念を否定し、身体面は教育学の対象ではないと述べています。しかし、ヘルバルトは、被教育者の健康に留意しつつ、教育を行う必要性に触れています。今日、体育学という分野がありますが、運動生理学など、運動やスポーツに関わる特殊な場面を扱うのが一般的です。このため、教育学において、教育心理学のみならず、日常生活における教育生理学もしくは教育看護学という分野が必要であると感じます。

第7節　失敗や挫折のすすめ

　数学や物理学には公式があり、それに当てはめることで答えを算出できます。しかし、教育には決まり切った公式などなく、被教育者の個性を見極めて対応する必要があります。このため、教える立場になった際、必要となるのが被教育者をよく観察することです。モンテッソーリで述べましたが、被教育者に偏見を持つことなく、何を必要としているのか、ということを観察することで、集中現象と自己活動力へと導き、混沌状態から秩序を守るという道筋に至るのです。数学や物理の新たな公式が発見されるのも、最初は自然の観察から始まるのと同じです。ニュートンからアインシュタインと進化していますが、次の理論が待ち遠しく感じます。

　しかし、被教育者の興味・関心に寄り添うには、それを感じ取れる能力が必要となります。特に被教育者がつらい思いをしている時こそ重要です。それを感じ取れないと手助けできないからです。普通、教育者には優秀な人があてがわれます。しかし、教育者が天才だと「スーッと来たタマをカーン」と打つだけなので、なぜ簡単なことができないのか理解できないのです。できない人の気持ちを理解するには、自身における失敗や挫折の経験が不可欠です。学生の皆さんは現在、

色々なことで苦労していると思います。しかし、その苦労が教育する立場になった時に必ず役立ってきます。年を取ったら誰もが思うはずですが、若い時には失敗を畏れず、挑戦してほしいのです。

　ここで、失敗への恐れを勇気に変えられる一例を紹介したいと思います。アメリカ大リーグのプロ野球選手で菊池雄星という左腕の投手がいます。岩手県の花巻東高校の出身で、同じ大リーガーの大谷翔平選手の先輩という報道を聞いたことはないでしょうか。菊池選手は球界屈指の読書家として知られ、1日に1冊を読むように心掛けており、年間で300冊を目標にしているそうです。また、「菊池雄星文化プロジェクト」として小学生から高校生を対象とした「岩手読書感想文コンクール」に協力しています。この読書家がお勧めする一冊に藤沢周平の代表作である『蝉しぐれ』があります。私も読んだことがあるのですが、主人公の父親が切腹させられる場面で、つらさのあまり読み進めることができませんでした。しかし、菊池選手は読み進め、「人間は後悔するように出来ておる」という言葉に出会います。主人公が父親との別れの際、自分の言葉を伝えきれなかった後悔を友人に打ち明ける場面で、友人が主人公に諭すように言った言葉です。これを読んだ菊池選手は「後悔はしたくない。」と感じたそうです。しかし、人間誰しも後悔は「絶対するもの。ならば、●●●●を上げていけばいい」と思い直したそうです。皆さんは菊池選手が何と考えたか分かったでしょうか。とても前向きな言葉で、答えは「後悔の質」です。後悔を糧にできる力があるからこそ、大リーガーとして活躍できていることが分かります。学校での勉強よりも、スポーツに人生をかける多くの人を私は知っています。その前向きな姿勢から私は多くのことを学んでいます。

第8節　発達障がいや二次障がいへの対処

　今日、発達障がい児への対処法に関する著書が増えています。これらの著書に書かれているように、障がいを正しく理解し、その特性に対処する教育が必要であると感じます。右手が無いのに、右手で書けと指導するのは無理なように、特別な配慮が必要です。配慮が無い場合、「二次障害」を発生させてしまう危険性

があります。周囲の人や環境に適応できないという特性上、ストレスが蓄積されて、うつ病や不安障害、ひきこもりなどの精神疾患へとつながるのです。特に危険なのが、発達障がいがあっても、勉強ができるとほったらかしにされることです。子供の時に障がいへの対処法を学んでいないと、大人になってから苦労します。対処法の一つとしては、親以外にも相談できる人を見付けられるよう、挨拶を大切にし、そこから関係を作れるようにするなどです。教育可能性の高い子供のうちに対処法を身に付けさせることで、大人になってから苦労しなくなるのです。

　しかし、書かれてある内容のほとんどが、発達障がい児だけでなく、定型発達の子供たちにも必要な配慮と感じられます。例えば、何か色々と対処してあげようとあくせくするよりも、子供の話を聞き、共感してあげることが大事などと書かれてあったりします。私が精神病院でアルバイトをした経験については、前に述べましたが、人間は完璧ではなく、誰でも錯覚や不注意によるミスを起こす場合があります。特に発達障がいについては濃淡の問題で、私を含めて全ての人間に何らかの傾向があると感じます。

　先程、うつ病などの精神疾患に触れましたが、今日、その数が増えてきています。教職課程の教育心理学では、日常生活に支障のない被教育者を対象としているため、精神疾患への対処法は扱われていません。このため、現在の所では、専門家であるスクール・カウンセラーが対応する形となっています。しかし、精神疾患の増えている状況で、教育者がその理解を欠くことには疑問を感じます。誤解をしたり、気持ちを理解してあげられなかったり、初期対応が遅れたり、無意識の内に不適切な対応をとったりで、被教育者を苦しめてしまう場合があるからです。精神疾患の治療については専門家のカウンセラーや医師に任せるしかありません。しかし、専門家に任せたとしても、必ず連携を取ったり、回復後の受け入れ体制を考えたりする必要があります。心身共に健康な被教育者を前提として教育を考えると、死角が生じてしまうのです。「教え・育てる」という営みは、幅広い人間理解が不可欠となるのです。

第9節　被教育者中心主義

　この本で紹介したデューイ主義をまとめると、これまでの教師中心主義を反省し、教育者が権威者として振る舞うことを止め、子供と同じ立場で、寄り添う姿勢で接することである、と言えます。この子供中心主義について、この本では、教育の対象を子供に限らないという観点から、「被教育者中心主義」と読み換えてください。今日、教育者にその点の徹底を求めると、反発を感じる人もいるようです。この気持ちは私もよく分かるのですが、私が学生時代にそれらの教育を学んだ際、例えば、後輩にへりくだって教育が可能なのか、考えさせられたのを覚えています。しかし、家庭における子供の虐待や会社におけるパワー・ハラスメントなどがあり、被教育者の尊重を欠く事例が認められます。基本的人権といいますが、それを尊重するだけで、へりくだる必要はないのです。さらに、地位的には自分が一番下だと思えれば、次の手立てが自然と見えてくるのでお勧めです。

1）「接し方」における個性の尊重

　デューイの子供中心主義の特長として、被教育者の個性の尊重があげられます。「教え方」には各教育者独自の工夫があり、それを生かして、今後も同じ方向性で追求していく必要があると思います。しかし、個々の被教育者への「接し方」に関しては過去の慣例が通じなくなっています。私が聞いた話ですが、すぐに答えを求める学生がいた場合、まず自ら考えるように指導したりするのが一般的だと思います。この指導に対し、昨今は突き放されたと感じて授業放棄する学生が認められるのだそうです。

　これらの事例に対しては、宇宙へ向けてのロケットの打ち上げを参考にすべきと考えます。突飛な事例を持ち出して恐縮ですが、ロケットを飛ばす際、一番大変なのが地球の重力から抜け出るための発射直後で、最新の技術や配慮を伴う必要があります。しかし、宇宙空間へ辿り着くと、空気が無いなど、抵抗がなくなるため、慣性の法則でそのままの速さで動くことができるようになります。

　したがって、自ら考えることを最初から求めるのではなく、被教育者の意見に

耳を傾け（傾聴）て個性を尊重した対処を心がけ、寄り添うことで、始めるきっかけをつかませることが大事になると思います。

２）観察と信頼関係による主体性の構築

　デューイの子供中心主義では、被教育者の主体性を重視します。被教育者が自ら学びたいと考えるようになれば、満足度も上がります。そして、どのように勉強したら良いかなど、自ら探究して行きたいと考えることにつながります。このためには、「この教育者から学びたい」と被教育者に思われることが大事になってきます。教育者が被教育者を観察し、被教育者との信頼関係を構築することで、また、質問や相談に来やすい雰囲気を作ることで、主体性の構築へとつなげるきっかけになるのです。

　デューイを参照すると、被教育者中心主義とは、すぐに答えを示さず、被教育者に寄り添って一緒に考えましょう、という態度が必要となります。すなわち、正解に導くように教育者が先頭を走るのではなく、被教育者の近くで寄り添い、一緒に探究することで、被教育者の理解に沿った答えを探って行くのです。主体性の構築には、被教育者による "learn by doing" の繰り返しが不可欠となります。

第 10 節　教育者の苦悩と歓喜

　ルソーの所で述べましたが、赤ん坊が飢えで泣くという自然の「欲求」は、遠慮なく満たしてあげるべきです。しかし、自分に注意を引こうとして泣くという自己中心的なわがままな「欲求」は、相手を支配するための「欲求」なので、無視して相手にしないようにすべきと、ルソーは述べています。これを読んで知っていた私ですが、私の場合、恥ずかしながら赤ん坊が泣きだした瞬間にパニックとなり、自然の欲求なのか、支配の欲求なのか、考える余裕などありませんでした。とにかく泣き出すと飛んで行ってミルクなのか、おしめなのか、うろたえた経験があります。

　この本で私は、教育の哲学と歴史について述べています。しかし、私自身が実践できているかと問われると、失敗が多く、反省の日々といえます。特に、大学

で学生を相手にする時は理路整然と対処できるのですが、私には二人の息子がおり、いざ息子のことになると感情が先になり、うまく伝えられないもどかしさを感じたりします。「這えば立て、立てば歩めの親心」と親の心情を表す言葉がありますが、かわいさの余り、感情が優位に立つと理性が後退するようです。このように冷静さを欠くため、頼りがいのある父親でありたいのに、なかなか希望が叶いません。私は大学では、教育原論の授業の他に、体育実技も担当しています。一般的に体育の先生の場合、保健の授業も担当するため、酒豪であったり、タバコを吸っていたりすると、陰口をされたりします。英語の先生なのにコミュニケーションができないとか、道徳の先生なのに家庭が崩壊しているなど、勝手なことをいわれたりするようです。ルソーも 5 人の子供がいましたが、全て孤児院へ預けたため、論敵から批判されています。

　しかし、ルソーの伝記を見ると、子供たちを守るには致し方なかったのだと思います。それへの反省が『エミール』を書かせ、自分と同じ過ちを犯さないよう、後世に語りかけているのです。子供や学生の成長を見ると、教育者として働きかける営みにはやりがいを感じます。すなわち、教育者は人を育てる苦悩と共に歓喜に満ちています。特に自分の子供の存在は、生きていく上での励みになります。少子化が問題となっていますが、是非、子育てに挑戦してほしいと思います。

　最後に、ペスタロッチの最後の著書である『白鳥の歌』（1826 年）で、最後の段落において語られていることを紹介して、この本の終わりとします。写真は、チューリッヒ市内にあるペスタロッチ像で、チューリッヒ中央駅から駅通り（Bahnhofstrasse）を 5 分ほど歩いた広場にあります。背景には百貨店の "Globus" が写っているので、探す場合には参考にしてください。その像からさらに 5 分ほど歩くと、ペスタロッチアヌム財団（Pestalozzianum）です。の写真が財団所有のペスタロッチの遺髪とデスマスクです。見せて頂いた時は感激し、このような遺物が残っていることに感謝しました。『白鳥の歌』ですが、ペスタロッチは自分の教育を振り返り、不完全なものであり、未だ完成されていないことを告白しています。そして、次のように述べています。

「すべての点を検討されよ。よき点はこれを保存し、またもし諸君自身のうちに何かいっそうよき考えが熟してきたら、わたしがこの書において真実と愛とをもって諸君に与えようと試みたものに、真実と愛とをもってそれを付け加えられよ。」（佐藤正夫訳、ペスタロッチー全集第 12 巻、1959 年、平凡社、p.270）

　私の本は、私自身の反省から書かれています。このため、様々な教育の哲学や歴史を紹介しましたが、私の関心から拾い上げたものに過ぎません。まだまだ紹介すべき事が沢山あるのですが、書き切れていないのです。本書を読み終えたら、是非、自身でさらに探究し、新たな知見を付け加えていってほしいと願っています。

チューリッヒ市内のペスタロッチ像

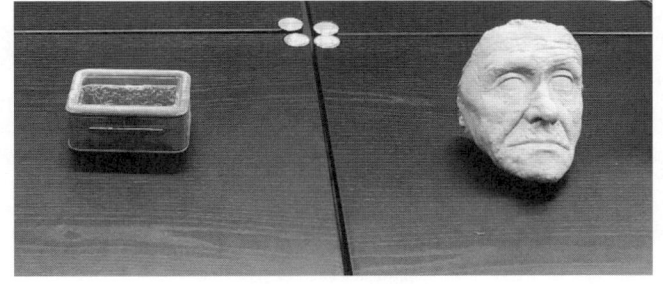

ペスタロッチの遺髪入りのプラスチック容器（左側）とデスマスク（右側）

あとがき

　「余談の多い」と書名に付けましたが、意外と少なく、同業者の中には、自分の方が多く的確な余談を語っていると感じられた方もいると思います。しかし、本書の本当の余談は副題にある「心身両面から見た」という部分だと思います。なぜなら、教職課程では、教育心理学のみで教育生理学が無いように、無理に身体面を扱う必要が無いからです。この本の中で、明治初期には教育学で「体育」を扱っていたのに、途中から扱わなくなることを述べました。この理由を詳しく知りたい場合、拙著の『身体教育研究序説』（2016 年、不昧堂）を参照してください。

　教育原論の授業については、前任者の退職に伴い、来年度から担当してくれないか、と大学側から体育の教員をしている私に要請がありました。私としては大変なことは分かっていたのですが、心身両面から教育原論を述べるチャンスと思い、無理を承知で引き受けました。教育学と体育学とは別の分野であり、体育の教員がなぜ、と皆さんは感じられたと思います。しかし、学生時代に私は教育学を専攻しており、教員免許では体育科の免許を取得しました。大学院時代には研究課題を、教育学における「体育」の扱い方の変遷としました。このように、研究上、教育の哲学と歴史に関わり続けてきたため、教育原論を担当できるチャンスが巡ってきたのです。

　本書を執筆するにあたり、公私にわたり筆者の研究を支えてくださった大勢の人々に感謝を申し上げます。また、妻（真理）からは「教え・育てる」という姿勢を学びました。二人の息子（健太と悠馬）からのエネルギーは本書の完成には欠かせませんでした。

　出版に際しては、株式会社不昧堂出版の水谷安見氏のご尽力無くしては、本書を刊行することはできませんでした。厚くお礼申し上げる次第です。

　2024 年 9 月　市制施行 100 周年を迎える福島県郡山市にて

中野浩一

【著者紹介】

中野 浩一（なかの こういち）

1965 年　青森県に生まれる
1989 年　日本大学文理学部教育学科卒業
2000 年　日本大学大学院文学研究科博士後期課程教育学専攻満期退学
2010 年　日本大学工学部（福島県郡山市）准教授
2018 年　同上、教授

【著書】
身体教育研究序説、2016 年、不昧堂
＊科研費（2016 年度の研究成果公開促進費）より出版

余談の多い教育原論　　　　　　　ISBN978-4-8293-0519-5

2024 年 10 月 29 日　初版発行　　　　定価（本体 2,400 円＋税）

著　者	中野 浩一	
発行者	宮脇陽一郎	
発行所	株式会社 不昧堂出版	

〒 112-0012
東京都文京区大塚 2 丁目 14 番 9 号
電話 03-3946-2345　　FAX03-3947-0110
Email:fumaido@tkd.att.ne.jp

印刷製本　日新印刷 株式会社
